PORTO DE LUZ

ANCORANDO-SE NA NUMINOSA E SINGULAR SEMENTE

Editora Appris Ltda.
1.ª Edição - Copyright© 2024 do autor
Direitos de Edição Reservados à Editora Appris Ltda.

Nenhuma parte desta obra poderá ser utilizada indevidamente, sem estar de acordo com a Lei n° 9.610/98. Se incorreções forem encontradas, serão de exclusiva responsabilidade de seus organizadores. Foi realizado o Depósito Legal na Fundação Biblioteca Nacional, de acordo com as Leis n°s 10.994, de 14/12/2004, e 12.192, de 14/01/2010.

Catalogação na Fonte
Elaborado por: Dayanne Leal Souza
Bibliotecária CRB 9/2162

M149p 2024	Machado, Ewerton Vieira
	   Porto de luz: ancorando-se na numinosa e singular semente / Ewerton Vieira Machado. – 1. ed. – Curitiba: Appris, 2024.
	   233 p. : il. ; 23 cm.
	
	   Inclui referências.
	   ISBN 978-65-250-7000-1
	
	   1. Ancoramento. 2. Espiritualidade. 3. Essência. 4. Normose. 5. Numinosa. 6. Porto de luz. 7. Semente. 8. Singular. I. Machado, Ewerton Vieira. II. Título.
	
	                                                CDD – 248.4

Livro de acordo com a normalização técnica da ABNT

Editora e Livraria Appris Ltda.
Av. Manoel Ribas, 2265 – Mercês
Curitiba/PR – CEP: 80810-002
Tel. (41) 3156 - 4731
www.editoraappris.com.br

Printed in Brazil
Impresso no Brasil

Ewerton Vieira Machado

PORTO DE LUZ
ANCORANDO-SE NA NUMINOSA E SINGULAR SEMENTE

Curitiba, PR
2024

FICHA TÉCNICA

EDITORIAL	Augusto V. de A. Coelho
	Sara C. de Andrade Coelho
COMITÊ EDITORIAL	Marli Caetano
	Andréa Barbosa Gouveia (UFPR)
	Edmeire C. Pereira (UFPR)
	Iraneide da Silva (UFC)
	Jacques de Lima Ferreira (UP)
SUPERVISORA EDITORIAL	Renata C. Lopes
PRODUÇÃO EDITORIAL	Bruna Holmen
REVISÃO	Katine Walmrath
DIAGRAMAÇÃO	Bruno Nascimento
CAPA	Eneo Lage
REVISÃO DE PROVA	Daniela Nazario

*[...] no espaço anímico
existe um ponto no qual o "eu" tem o seu lugar próprio,
lugar de seu descanso,
que deve buscar até encontrá-lo
e ao qual terá de voltar cada vez que o abandonar:
trata-se do ponto mais profundo da alma.*
Edith Stein[1]

---

[1] SAFRA, Gilberto. *Hermenêutica na situação clínica*: o desvelar da singularidade pelo idioma pessoal. São Paulo: Sobornost, 2006, p. 164.

Dedicado a meus Ancestrais e Descendentes.

Gratidão

Ao Sagrado e aos meus Protetores de Luz, pela inspiração e energia necessárias para a concretização desta semente literária.

Ao meu Pai e à minha Mãe, cuja presença aprendi a compreender, honrar e respeitar ao longo de minha jornada de vida.

A minhas irmãs, amigas e amigos, que certamente reconhecerão suas pegadas em alguma das próximas páginas.

Aos desafios e obstáculos conspirados pelo Universo, os quais motivaram transformadoras correções de rotas.

Às palavras, por registrarem pensamentos, sentimentos, desejos, sonhos, verdades, experiências, dores e amores.

A você, caro leitor e cara leitora, que tenho a honra e alegria de agora conhecer.

Prefácio 1

Perguntas que sempre foram feitas e cujas respostas são sempre duvidosas: Quem sou eu? De onde vim? Para onde vou? Por quê? Para quê? Tem certeza? Você estaria enganado? Você estaria enganando?

As respostas são com sinceridade: Não sei. Não tenho certeza de nada, mas acredito. "Só sei que nada sei", disse o filósofo Sócrates.

Na realidade, continuamos procurando as respostas, e, se ainda não encontramos, com certeza, estamos no Caminho.

O *Rig Veda*[2], talvez um dos textos mais antigos de que se tem conhecimento, lá dos primórdios da nossa história humana nos questiona: "Quem sabe a verdade?"

Este livro é o relato de alguém no Caminho, que sugere possibilidades e opções.

Boa leitura.

Dr. Mauro Carbonar
Homeopata, Dietoterapeuta, Acupunturista

---

[2] O *Rig Veda*, é uma antiga coleção indiana de hinos em sânscrito védico, juntamente com comentários associados sobre a liturgia, ritual e exegese mística. É um dos quatro textos sagrados canônicos (*śruti*) do hinduísmo conhecidos como os Vedas. Fonte: Tradução completa para o português, por Eleonora Meier – www.shri-yoga-devi.org/downloadvedas

Prefácio 2

Todo escritor externa seus conhecimentos, suas ideias, suas experiências e análises. *Porto de Luz: ancorando-se na numinosa e singular semente*, relata fatos da vida do Autor, sua aceitação e perdão, sua busca da sabedoria e seu incondicional amor ao próximo, visando torná-lo um ser humano melhor e mais completo.

O conteúdo do livro é permeado de informações importantes e de poesias envolventes. O leitor encontrará nas próximas páginas reflexões inspiradoras, recomendações e situações que certamente o colocarão em sintonia consigo mesmo e com a energia do Grande Espírito.[3]

Espero que todos e todas saibam valorizar o conteúdo da obra e a essência de quem estudou, vivenciou, evoluiu e se propôs a compartilhar sua jornada, demonstrando assim sua Gratidão.

Gilberto Machado
Referência de vida para o Autor

---

[3] SAMS, Jamie. *As cartas do Caminho Sagrado*. Rio de Janeiro: Rocco, 1993, p. 301: "Grande Espírito é um núcleo vibracional, a fonte de energia primária, o princípio criativo".

Sumário

INTRODUÇÃO... 17

CAPÍTULO 1 – **LAPIDAÇÃO**................................. 21

O avesso da verdade... 22

Dia sim, dia não... 25

Amar alguém é....... 27

No fundo do poço... 31

O mal nosso de cada dia..................................... 32

Chuva, que é de uva... 37

Monalisa.. 40

Sobre vaquinhas e precipícios................................ 42

Seres húmusmanos.. 50

Farofa profana.. 52

Inescrupulosa saudade....................................... 54

Efêmera relação... 55

Magia dourada.. 56

Acolhendo sombras.. 57

CAPÍTULO 2 – **DESPERTAR** 63

Pegando no tranco 64

Libertadoramente 65

O grande mistério 66

Pedradas transformadoras no conformismo 67

Decisões assertivas 70

Identificando padrões limitantes 71

Manifesto sobre o não manifesto 79

O mais importante 82

Jujuba da paz (uma história infantil para gente grande) 83

Posto que é chama 87

Reflexão sobre livre-arbítrio 88

Reiki, caminho para a felicidade 89

Coração verde e amarelo 93

Lampejos e delírios de consciência 95

CAPÍTULO 3 – **LIBERTAÇÃO** 101

Canção de poder 102

Gratidão é em mim................................... 104

Criando uma nova realidade 105

Conectado à Alma.................................... 107

Escudos energéticos 109

Chama de luz violeta................................. 111

Ser íntegro e pleno................................... 113

Gratidão... 114

Um despertar consciente 115

Conectado estou..................................... 117

Luz do bem 118

Alerta cósmico 121

Centelha Divina (releitura) 124

Abraço de Deus..................................... 129

CAPÍTULO 4 – **INSPIRAÇÃO** 131

Virtuosa semente 132

A sutileza do perdão 153

Fênix 154

Mantra do amor incondicional 156

Embriagados de nós 157

A chance de ser mais feliz 160

O bem é em mim 162

A numinosa e incansável busca 165

Mantra da conexão espiritual 170

Cantarolar inspirador 171

Escala musical humana 172

O poder do perdão 175

Pilares de uma relação saudável 176

O Caminho da fé 179

Autotratamento Reiki (releitura) 181

Reflexões inspiradoras 184

CAPÍTULO 5 – **SUBLIMAÇÃO** 189

Princípio essencial 190

Bom dia, com alegria. 192

Você coisou meu coração 193

Pai na Terra 194

Múltiplas camadas do mesmo eu 196

Revisitando ancestrais. 197

A casa mágica. 200

Guerreiro da luz 203

Presente diferente 204

Por um bem maior. 206

Eu Sou. 208

O Sagrado é em mim 209

Quarta razão do amor maior. 211

Quinta razão do amor maior. 214

Oração ao Grande Espírito. 216

Entre 2 suspiros 218

Ancoramento. 226

REFERÊNCIAS 227

LIVROS PUBLICADOS PELO AUTOR 231

CONTATO COM O AUTOR 233

Introdução

Caro leitor e leitora, em primeiro lugar, saiba que honro e respeito todo o conhecimento adquirido por vocês até o momento. Humildemente, porém, peço permissão para compartilhar algumas experiências, crenças e verdades, as quais poderão, por meio de conexões significativas, incentivar reflexões transformadoras.

Durante tais experiências, aprendi que ações do tipo "conquistar, dominar, vencer, subjugar" podem provocar o rompimento das relações interpessoais e é saudável substituí-las por "respeitar, apoiar, acolher, motivar, amar". Percebi também que as ações "adquirir, acumular, multiplicar, apegar" podem nos tornar escravos dos bens materiais; recomenda-se que sejam substituídas por "simplificar, desapegar, agradecer". O esforço pessoal interno de transformação certamente será imenso, porém o resultado é libertador.

Esse esforço é apresentado nesta obra, por meio de cinco capítulos, ou seja, de cinco processos vivenciados naturalmente pelos seres humanos, durante sua jornada neste corpo, planeta e dimensão: (1) **Lapidação** — representado pelo elemento terra (suporte), apresenta textos vinculados a desafios, obstáculos e provações; (2) **Despertar** — representado pelo elemento água (fluidez), apresenta textos vinculados a tomadas de decisão e reflexões sobre suas consequências; (3) **Libertação** — representado pelo elemento fogo (transformação), apresenta dinâmicas que se praticadas produzirão relaxamento, equilíbrio e cura; (4) **Inspiração** — representado pelo elemento ar (movimento), apresenta textos vinculados aos primeiros lampejos de evolução espiritual; (5) **Sublimação** — representado pelo elemento éter (integração), apresenta textos vinculados à integração plena das dimensões humanas (etérica, energética, física, emocional, mental, espiritual). A linguagem usada no livro traz elementos, conceitos e fundamentos de diversas tradições, particularmente do cristianismo, budismo, espiritualismo, hinduísmo, psicologia transpessoal e xamanismo.

O título e subtítulo expressam a crença de que o ancoramento consciente no Porto de Luz interno, ou seja, na **numinosa[4] e singular semente**, a partir da qual fomos criados, pode nos conduzir a um estado pleno de paz, felicidade e completude.

Antes de mergulhar nas próximas páginas, que a bem da verdade será uma profunda imersão em si mesmo/a, recomenda-se trazer a atenção para este AQUI (único em tua jornada), repousar a consciência neste AGORA (mágico e transformador), abrir espaço para este NOVO (apresentado a partir de agora), e acolher tua SEMENTE (onde a luz, a cura e todas as resposta habitam).

Boa leitura!

Ewerton Vieira Machado

---

[4] Numinosa, relativo a nume ou a divindade. A palavra tem origem no latim *numen* que significa "emoção espiritual ou religiosa despertadora misteriosa ou inspiradora". O termo foi popularizado pelo teólogo alemão Rudolf Otto no seu livro de 1917 *Das Heilige* (em português O Sagrado) que propõe o reconhecimento do aspecto irracional como fundamento e mantenedor da manifestação religiosa por meio de analogias e antinomias que ele chamou de numinoso.

Içar Velas

Iniciemos nossa viagem pelas páginas deste livro e também pelo nosso Universo interior. Levaremos, a princípio, toda a bagagem que possuímos em nossa pesada mochila; porém, certamente partes de nós ficarão pelo caminho, e outras serão reconhecidas e agregadas ao longo do percurso.

Ressalta-se que o amor, a bondade, a dignidade, a honestidade, a retidão e a verdade nos sustentarão durante o consciente mergulho interno, até nossa **numinosa e singular semente**.

Para fortalecimento de nossas atitudes, recomenda-se recitar agora, e sempre que necessário, o seguinte *mantra:*[5]

Abandono *os trilhos egoicos, libero os lastros normóticos e sigo a jornada por caminhos repletos de liberdade, verdade e espiritualidade;*

Aplico *nas questões antissociais e desumanas a energia transmutadora do Sagrado e transbordo amor, paz, ética, respeito, compaixão e solidariedade;*

Cuido *de meus corpos, de minha saúde, de meus pensamentos, de minha energia vital e acolho meus sentimentos e emoções sem julgamento;*

Programo *minha intuição para falar, enxergar, escutar, tocar e sentir apenas a verdade absoluta;*

Acolho *a bondade, a gratidão, a fraternidade, a honestidade, a amorosidade, a confiança e preencho com esses elementos minha realidade;*

Assim *desejo (6º chakra[6]) e amorosamente (4º chakra) realizo (2º chakra).*

Estamos prontos! Momento de soltar as garras e as amarras vinculadas a crenças e padrões limitantes, ao controle ilusório, à zona de conforto; para então, corajosamente, adentrar o portal da essencialidade...

---

[5] JOHARI, Harish. *Chakras*: centros de energia de transformação. São Paulo: Pensamento, 2010, p. 196: "Som que possibilita um estado de concentração, livre de pensamentos mundanos".

[6] JOHARI, 2010, p. 9: "Roda, disco ou círculo de captação e distribuição de energia vital".

CAPÍTULO 1

Lapidação

Processo vinculado ao elemento terra, ao primeiro chakra (raiz), à solidez, estabilidade, suporte, força, olfato e à manifestação e cristalização da consciência cósmica.

Os textos detalham o apego às coisas materiais, a dificuldade de se perceber além das aparências, o prazer do poder e do controle, a valorização da razão em detrimento da emoção e as dores e obstáculos do aprendizado durante o caminho para a evolução.

reflexão proposta
*Quando encontrar um sentido para tua vida,
certamente ele estará na contramão do sistema vigente.*

O avesso da verdade

Estamos vivendo o avesso da verdade primordial. O que suporta o sistema estabelecido e nutre grande parte da humanidade é a mentira, a falsidade, o desrespeito, a corrupção, a maldade, a crueldade, a ignorância e a desinformação.

O ser humano encarnado transita entre duas dimensões perceptíveis, a material e a espiritual. Em um primeiro instante, inconscientemente opta-se por valorizar, endeusar e viver conforme as regras e leis materiais. Ao longo da jornada, temos a possibilidade de reverter isso, mas poucos despertam do pesadelo, assim deixam de vivenciar a verdade.

Seguem detalhes sobre a teoria que elaborei, tentando explicar o porquê do avesso e usando como referência o catastrófico contexto humano atual:

> *Deus criou um sistema perfeito e, para testá-lo, introduziu nele uma espécie denominada "ser humano". Essa espécie tem a possibilidade de tudo construir, pelo bem que o habita, e também tem a capacidade de tudo destruir, pelo mal que também o habita.*

Inspirado pelo bem, Deus criou uma dimensão perfeita e harmônica, composta por seres minerais, vegetais, animais e humanos. Criou um planeta perfeito, composto por recursos naturais efetivos e com o poder de gerar e regenerar vida em diversos níveis. Criou leis perfeitas baseadas na amorosidade, bondade, solidariedade, honestidade, verdade, paz e harmonia. Tudo perfeito, porém queria ter certeza de que nada poderia desestabilizar a Divina obra-prima.

Ele então inseriu na criação o ser humano. Esse novo Ser, a partir do livre-arbítrio presenteado pelo Absoluto, poderia optar pelo bem e tudo manter em harmonia. Ou optar pelo mal e destruir valores morais e éticos, tirar a vida de outros seres manifestados, devastar os recursos naturais disponíveis no planeta, contaminar as fontes geradoras de alimentos, abolir o respeito e o amor, supervalorizar a aparência externa, travestir o caos com um traje de "falso bem" e vendê-lo como vital, incentivar o uso da tecnologia do isolamento — enfim, escravizar, manipular e controlar outros seres humanos, podendo até se destruir e também destruir o planeta onde vive.

Ao longo dos séculos, Deus percebeu que o ser humano estava se tornando muito poderoso e perigoso. Transmutou-se em um de nós e durante o período em que aqui esteve reforçou a mensagem Crística primordial, baseada na paz, no amor e na compaixão. A ideia foi ótima, mas não foi completamente efetiva. Os seres humanos, a partir de diversas mutações, se fortalecem no mal, após cada batalha.

Em 2019, Deus introduziu no sistema um poderoso vírus denominado SARS-CoV-2 (severe acute respiratory syndrome), o qual provocaria a doença denominada COVID-19 (coronavirus disease-2019). O Absoluto, bondoso e justo como sempre, poupou crianças, adolescentes e animais. Ele pensou que dessa forma conteria o mal instalado em grande parte dos seres humanos. Infelizmente, o novo vírus mostrou-se frágil e pouco eficiente, pois não afetou os "líderes humanos" que detinham o poder das sombras.

Na tentativa de amenizar o problema, "tais líderes" implantaram, à força e sem justificativa comprovada, o distanciamento social. A mídia, corrompida financeiramente, optou pelo lado equivocado e nada ajudou, provocando uma onda de medo e de ansiedade e divulgando falsas notícias. Em poucas semanas foi iniciada uma guerra na dimensão material e espiritual. Além de abduzir seres humanos fracos de caráter e pobres de valores, "tais líderes" convocaram naquele momento as forças espirituais do mal, fortalecendo-os, assim, durante as batalhas.

Os seres humanos despertos e do bem, que felizmente são muitos, apoiaram a limpeza e emanaram durante vários meses amor e cura para o sistema e para o planeta. Todos e todas ficaram extremamente gratos e gratas pela oportunidade de ajudar. Essa atitude mudou a vibração do planeta e da humanidade, amenizando os efeitos permissivos do vírus, dos "tais líderes" e dos seres humanos alienados. Atualmente, percebe-se crescente expansão na consciência humana, quanto às questões humanitárias, políticas, econômicas, ecológicas e espirituais.

Quanto ao saneamento da mídia, à transformação de "tais líderes" e comandados, ao resgate de valores e princípios fraternos, à priorização da sensata inclusão social, à valorização da ética e do respeito entre seres humanos, à qualificação do ensino fundamental e superior, ao nascimento de uma nova cultura baseada no amor e na bondade, infelizmente teremos que aguardar mais um bom período de tempo...

Mantenhamos, porém, nossas esperanças, pois o bem sempre venceu o mal, e assim acontecerá novamente. Independentemente das consequências, estaremos prontos para ajudar a restabelecer a Divina ordem em toda a criação. A espécie humana só evoluirá efetivamente quando se reconhecer sagrada e passar a reverenciar, honrar e respeitar a **numinosa e singular semente** que habita cada Ser.

Dia sim, dia não

Maria e João,
dia sim, dia não.

Realidade e ilusão,
dia sim, dia não.

Amor e submissão,
dia sim, dia não.

Frieza e emoção,
dia sim, dia não.

Inverno e verão,
dia sim, dia não.

Liberdade e escravidão,
dia sim, dia não.

Luz e escuridão,
dia sim, dia não.

Fidelidade e traição,
dia sim, dia não.

Mente e sutil coração,
dia sim, dia não.

Presença e desatenção,
dia sim, dia não.

Leveza e aflição,
dia sim, dia não.

Liberdade e alienação,
dia sim, dia não.

Quietude e tribulação,
dia sim, dia não.

Diálogo e discussão,
dia sim, dia não.

Parceria e competição,
dia sim, dia não.

Às vezes você, às vezes eu,
dia sim, dia não...

Amar alguém é...
(a extrema racionalidade nas relações)

Em uma noite calma "externa mente" e conturbada "interna mente", após duas doses de Campari e inseparáveis memórias, o Grande Espírito sussurrou em meus ouvidos: "É incorreto afirmar que amar alguém é a **razão** da vida dessa pessoa. Na verdade, amar alguém pode ser a **proporção** ou a **relação** da vida de uma pessoa com uma outra".

A informação fez minha mente explodir em reflexões. O pouco sono que havia em mim desintegrou-se. Fiquei imaginando como transformar a Divina informação recebida em algo mais compreensível pelos seres humanos, algo mais racional, mais concreto. E, após horas de meditação, decidi usar conceitos matemáticos e junguianos, no estudo apresentado a seguir.

Relembremos primeiro alguns conceitos matemáticos. De acordo com Gomes: "**Razão**[7] é o quociente de dois números; **Proporção**[8] é a igualdade entre duas razões e **Relação**[9] é um vínculo, uma correspondência entre duas grandezas".

Transportemos agora esses conceitos para a relação entre duas pessoas, chamando a interação de "idp", a pessoa 1 de "p1" e a pessoa 2 de "p2".

1ª hipótese — Amar alguém é a **razão** da vida

Razão é o quociente de dois números; em nosso estudo, de duas pessoas (p1 e p2).

$idp = p1 / p2$

---

[7] GOMES, Francisco Magalhães. *Matemática Básica – Volume 1*: operações, equações, funções e sequências. Campinas: Editora UNICAMP, 2017, p. 47.

[8] GOMES, 2017, p. 115.

[9] GOMES, 2017, p. 296.

Conforme Robertson: "Self[10] é o ser integral, composto de Psique[11] e Ego[12]".

Então, teremos:

p1 = ego1 + psique1

p2 = ego2 + psique2

Conforme Robertson:[13] "Ego (consciente) é a parcela menor e Psique (inconsciente pessoal + inconsciente coletivo) a parcela maior do Self".

Atribuamos, então, ao ego o menor valor (1) e a psique o maior valor (9) e teremos:

p1 = 1 + 9 = 10

p2 = 1 + 9 = 10

Então, idp = 10 / 10 = 1

Conclusão: somos indivíduos com corpos, mentes, corações e almas separadas. Então, jamais seremos (1) na interação com outra pessoa — seremos sempre, no mínimo (2). Comprovamos, portanto, que é **incorreto** afirmar que amar alguém é a **razão** da vida.

2ª hipótese — Amar alguém é a **proporção** da vida

Proporção é a igualdade de duas razões; em nosso estudo, de duas pessoas (p1 e p2).

p1 = p2

---

[10] ROBERTSON, Robin. *Guia prático de psicologia junguiana*. São Paulo: Editora Pensamento Cultrix, 2021, p. 22.

[11] ROBERTSON, 2021, p. 104.

[12] ROBERTSON, 2021, p. 165.

[13] ROBERTSON, 2021, p. 9.

Sabendo-se que o ego é uma parte da psique, teremos:

p1 = ego1 / psique1

p2 = ego2 / psique2

E assim: ego1 / psique 1 = ego2 / psique 2

Ou seja: 1 / 9 = 1 / 9

Calculando a proporção, teremos:

1 x 9 = 9 x 1

9 = 9

Conclusão: como o resultado apresentou igualdade, tais frações (pessoas) são proporcionais, compatíveis, conciliáveis e harmonizáveis. Portanto, é **correto** afirmar que amar alguém é a **proporção** da vida.

3ª hipótese — Amar alguém é a **relação** da vida

Relação é um vínculo, uma correspondência entre duas grandezas; em nosso estudo, entre duas pessoas (p1 e p2).

p1 = domínio

p2 = domínio

Sabendo-se que p1 e p2 também é:

p1 = ego1, psique1

p2 = ego2, psique2

E que:

ego1 = 1, psique1 = 9

ego2 = 1, psique2 = 9

Identificamos, pois, pares que compõem a relação entre os dois conjuntos, ou seja, pessoas:

p1 = {1, 9}
p2 = {1, 9}

Os pares possíveis serão: p1 e p2 = {(1,1), (1,9), (9,1), (9,9)}

Então tais relações podem ser representadas por:

R = {(1,1)}   p1 e p2 totalmente desarmonizados
R = {(1,9)}   p1 desarmonizado e p2 harmonizado
R = {(9,1)}   p1 harmonizado e p2 desarmonizado
R = {(9,9)}   p1 e p2 totalmente harmonizados

Conclusão: identificou-se quatro possíveis relações e que a qualidade destas varia de acordo com o grau de maturidade de cada integrante. Portanto, é **correto** afirmar que amar alguém é a **relação** da vida.

A informação recebida do Sagrado foi assim decodificada com sucesso para a linguagem humana.

No fundo do poço

Se um dia
você chegar,
por alguma circunstância,
perda significativa
ou decisão imatura
no fundo do poço,
celebre, reverencie, honre e se demore
o quanto for necessário nesse Sagrado espaço.

Nele habita teu conjunto pessoal
de conhecimentos, virtudes e dons
que podem iluminar tuas sombras e curar tuas dores.

Acolha os elementos de poder
que compõem tua sublime essência
e corajosamente saia de lá;
ou, então,
permaneça na caverna e
covardemente retorne ao rebanho.[14]

---

[14] NIETZSCHE, Friedrich. *Assim falou Zaratustra*: um livro para todos e para ninguém. São Paulo: Companhia das Letras, 2011, p. 59: "Queres ir para a solidão, meu irmão? Queres buscar o caminho para ti mesmo? Detém-te um pouco mais e me escuta. Quem busca facilmente se perde. Todo isolamento é culpa, assim fala o rebanho".

O mal nosso de cada dia

(inspirado no livro *O imbecil coletivo*[15])

A rotina executada naquela noite foi a mesma de muitas outras anteriores: tomar uma ducha, vestir o pijama, escovar os dentes, colocar para tocar uma sequência de *mantras*, deitar confortavelmente em meu sofá, fechar os olhos, respirar profundamente, entrar em estado meditativo, até adormecer:

Após um período indeterminado de tempo, acordei em uma dimensão mais densa, escura e conturbada. O caos imperava lá. Vi e ouvi pessoas gritando e se escondendo — ainda não sabia o porquê. Os rostos que consegui enxergar eram, de alguma forma, deformados por cicatrizes e ferimentos. As ruas tinham uma cor peculiar — eram um misto de marrom, do barro espalhado pelos veículos, com vermelho, do sangue derramado pelas mortes realizadas. Não havia sol, nem alegria e nem paz naquele lugar.

Parecia um hospital, localizado em uma ilha isolada; provavelmente para pessoas que não aceitavam "as verdades" do sistema opressor imposto. Havia homens enormes, que mais pareciam monstros do que guardas, mantendo a ordem e a segurança no local.

Em princípio, não havia como sair dali, pois uma precária, mas funcional tecnologia de segurança de portas e janelas estava implantada. A liberação destas era feita a partir de crachás, entregues apenas aos guardas e aos administradores do lugar.

Como em todas as culturas, impérios, civilizações, tradições e governos implantados, ali também, no submundo, nos bastidores, nos porões, existia uma comunidade rebelde, onde despertos e inconformados viviam e lutavam para o restabelecimento da liberdade, igualdade, justiça e das práticas da espiritualidade.

---

[15] CARVALHO, Olavo de. *O imbecil coletivo*. Campinas: Vide Editorial, 2021.

PORTO DE LUZ: ANCORANDO-SE NA NUMINOSA E SINGULAR SEMENTE

Eu estava escondido, alerta e relativamente calmo. Em um primeiro momento, assumi o papel de observador, e analisei cuidadosamente todos os detalhes do contexto, cada elemento do cenário, quem eram os opressores e os oprimidos, que tipo de armas usavam, quantos eram e onde estavam posicionados, características das roupas, particularidades da topografia e vegetação, pormenores sobre as ruas, casas e veículos existentes...

Ao meu lado, percebi que havia uma garota, tão apavorada que nem o nome conseguia pronunciar. Cheguei mais perto, acalmei-a e, após algumas respirações profundas, ela falou: meu nome é Iduna. Imediatamente lembrei de um estudo que fiz sobre nomes mitológicos, o qual me revelou que Iduna é a Deusa da poesia e guardiã do Sagrado pomar, cujas maçãs permitem aos Deuses manterem juventude eterna. Pensei comigo, naquela situação eu não poderia ter melhor companhia.

Infelizmente, fomos avistados pelos guardas e encaminhados até um ônibus velho, sujo e enferrujado. Não sei para onde nos levariam, mas ao nos aproximarmos do veículo um grupo de insurgentes apareceu, desativou os guardas e nos libertou.

Descemos, então, por meio de uma tampa de bueiro até túneis subterrâneos e dali até uma estrutura básica de sobrevivência, que mantinha vivos os poucos humanos despertos. Implantaram em meu braço direito um dispositivo, que simulava o crachá dos guardas, e que abriria portas e janelas. Aquilo doeu muito para ser implantado e usava parte da minha energia vital para funcionar. Eu deveria escondê-lo debaixo da camisa, pois, se fosse visto, certamente me matariam.

Era possível ouvir de lá o grito das pessoas perseguidas e capturadas. Passamos várias horas escondidos, até que finalmente houve um breve silêncio no caos. Nesse momento, Iduna e eu nos aproximamos, trocamos olhares e um instante sublime de amor se fez — mesmo no caos, o amor pode estar presente.

Acordamos assustados com barulhos intensos nas galerias. O povo da superfície havia descoberto a entrada para o Minhocário — assim era o codinome daquela estrutura secreta de salas e túneis da resistência. Saímos correndo em direção contrária ao barulho, pois imaginamos que assim teríamos alguma chance de escapar. Ilusão rapidamente desfeita, pois o povo da superfície havia cercado todas as entradas e saídas do lugar. Assim, algemados e com um capuz na cabeça, fomos levados até um grande salão.

Lá, fomos agrupados conforme o nível de maturidade consciencial espiritual. O nível de lucidez foi medido por meio de um equipamento designado por eles de Normômetro.[16] Perguntas sobre a "verdade essencial" foram feitas a todos e as respostas eram analisadas pelo dispositivo.

Iduna e eu ficamos no mesmo grupo, respiramos um pouco aliviados, pois isso facilitaria qualquer ação de fuga. Estava claro que éramos uma ameaça ao sistema vigente e fomos levados até a coordenadora do local, uma grande, arrogante e repugnante Televisão. Por incrível que possa parecer, ela tinha cérebro, coração, braços, mãos, pernas e até pés. Em uma das paredes da sala, havia um quadro gigante, com o absurdo texto impresso e elaborado por ela:

> *Algoz nosso que estais na casa de cada Ser manifestado,*
> *proliferada seja tua perversidade.*
> *Mantenha em nós esta ilusão fortalecedora*
> *e que sejam propagadas apenas mentiras,*
> *tanto para as mentes como para corações humanos.*
> *Mal nosso de cada dia que nos nutre hoje e sempre,*
> *perdoa nossos impulsos bondosos*
> *e elimina qualquer pensamento e sentimento amoroso.*
> *Não nos deixe cair nas garras da bênção,*
> *mas livrai-nos de toda a verdade e honestidade. Malém!*

---

[16] Dispositivo vinculado à medição do grau normótico instalado (nota do Autor).

Estávamos em seis pessoas na sala e fomos colocados um ao lado do outro e de frente para aquele ser bizarro, que se intitulava Sra. Denorex.[17] *Esbravejando e cuspindo, assim falou:*

> *Vocês são tipo um vírus para o sistema implantado, o qual tem como pilares: a mentira, falsidade, manipulação, blasfêmia, desonestidade, egoísmo, ilusão, boato, vício, preguiça, pessimismo e a ilusão. Com vocês ativos, corremos o risco de que um dia emanem Divina luz e toda a "ilusão social" criada entre em colapso. Isso não podemos permitir. A única luz permitida aqui é a emanada pelos equipamentos eletrônicos. Por meio deles, manipulamos e controlamos cérebros, corações e vidas humanas. Para que nosso poder se fortaleça, é vital manter grande parte da espécie humana entorpecida, alienada e acomodada.*

Mesmo com medo, tomei a frente do grupo e disse: Bem, pelo discurso não sairemos vivos desta sala. Portanto, gostaria de pedir um minuto com o grupo, em um lugar isolado, para realizarmos uma oração. A Sra. Maquiavélica, do alto da sua arrogância, olhando-nos com profundo desprezo, sinalizou positivamente com as antenas e enfatizou: sessenta segundos e nada mais!

Após um minuto, retornamos à sala e colocamos em prática nosso plano libertador. Nos demos as mãos, entramos em estado meditativo, conectamos com a Divina luz e cada um, cada uma verbalizou continuamente o "bija mantra"[18] *específico de um dos chakras, o mais alto que conseguia:*

6º Chakra Frontal	mantra: *AUM*
5º Chakra Laríngeo	mantra: *HAM*
4º Chakra Cardíaco	mantra: *YAM*
3º Chakra Plexo Solar	mantra: *RAM*
2º Chakra Sacro	mantra: *VAN*
1º Chakra Raiz	mantra: *LAM*

---

[17] Produto anticaspa, famoso na década de 1980 no Brasil. Tinha efeito de remédio, cheiro de remédio, embalagem de remédio, mas não era. E esse foi o marketing que alavancou e popularizou a marca, condicionando, inclusive, pessoas que não precisavam de tratamento anticaspa a consumirem o produto (nota do Autor).

[18] JOHARI, 2010, p. 87: "*Bija mantra* são frequências de sons usados para invocar a energia divina dentro do corpo".

O resultado foi impressionante: A Sra. Denorex explodiu, após um gigantesco curto-circuito interno. Os guardas e pessoas que mantinham o local implodiram e se transformaram em pó cinzento. As paredes começaram a ruir, bem como todos os prédios e estruturas criadas pela escuridão naquela dimensão. O sistema de segurança colapsou e abriu todas as portas e janelas. Com a explosão da líder, todos os equipamentos digitais deixaram de funcionar — um bom momento para a humanidade começar de novo, pensei comigo. Por fim, nos abraçamos e contemplamos o fim daquele pesadelo.

No dia seguinte acordei cansado, dolorido e com uma tremenda dor de cabeça. A primeira coisa que fiz foi olhar meu braço direito, para ver se havia algum sinal do equipamento implantado durante o sonho. Nenhuma marca, mas a sensação de realidade me surpreendeu e decidi registrá-la em meu notebook.

Chuva, que é de uva
(conto sobre um não encontro)

Acordei e tomei um banhinho,
com água quente e cheirinho,
meditei e enviei com carinho
o bem para o planeta todinho.

Enxuguei meu corpo inteirinho,
no sovaco passei um talquinho,
no pescoço aquele perfuminho,
fiquei mesmo todo cheirosinho.

Pinguei colírio branquinho
em cada olho verdinho,
para te ver bem direitinho,
do cabelo até o pezinho.

Passei no cabelo curtinho
um gel bem grudadinho,
para não espalhar o ventinho
e continuar arrumadinho.

Escovei cada dentinho,
com creme dental azulzinho,
tudo ficou perfeitinho e
saí do banheiro um gatinho.

Vesti um traje pretinho,
combinando com meu sapatinho,
à noite, lá no escurinho,
vou ficar alucinadinho.

Entrei no meu carro novinho,
lavado e sem um pozinho,
na esquina parei um pouquinho,
para o gás e o presentinho.

Cheguei lá bem rapidinho,
tipo herói voando baixinho,
bati na porta mansinho,
esperando um abraço e beijinho.

&$%¨##@$@#!#!$#¨%¨$¨*

Ela estava descabelada,
malvestida, com a cara amassada,
me disse: eu fui raptada,
para outra dimensão fui levada.

Liguei para a amiga safada,
estava bêbada e com a voz enrolada,
falou que foram para a balada,
mas que não lembrava de nada.

O sangue ferveu nas minhas veias,
derrubei e quebrei prateleiras,
mijei nas folhagens da louca,
que tentava um beijo na boca.

Chutei um biscuit na parede,
preguei um coice na porta,
nunca mais vi aquela mocreia...
Disseram que está toda torta.

A vida é assim mesmo, amigo,
namoro é para cabra valente,
se não estiver sempre alerta,
chuparão um dia teu sorvete...

Monalisa

No mínimo inusitado, para não dizer inacreditável, como o Grande Espírito conspirou para que acontecesse nosso reencontro, em uma linda tarde de primavera. Afinal, há mais de quatro longos anos não nos víamos.

O reencontro aconteceu dentro de uma clínica de saúde. Enquanto eu realizava os procedimentos junto à recepção, ela estava sendo preparada para realizar um exame cardiovascular, em uma sala específica. Fui, então, ao banheiro, colocar a roupa mais adequada para o mesmo exame cardiovascular.

De volta à recepção e aguardando ser chamado, ela saiu da sala onde estava e passou na minha frente. Minha surpresa foi tão grande que, em um primeiro momento, não a reconheci. Como havia uma coluna entre nós, a constatação de que realmente era ela ficou um pouco mais difícil.

Alguns minutos depois, fui chamado para ir à mesma sala onde ela esteve, para ser preparado para o exame. No retorno da sala, me sentei não muito próximo, mas de frente para ela. Como o encerramento do namoro foi um pouco tenso, tive receio da reação dela e não a cumprimentei, apesar da ansiedade em saber dela.

Foi então que a chamaram para o exame e novamente passou em minha frente. Dessa vez, porém, parou, me cumprimentou educada e rapidamente e dirigiu-se à sala de exames. Durante o cumprimento, lembrei da forma carinhosa como nos tratávamos e percebi ainda um pouco de ternura ao me olhar.

Quando saiu da sala, passou na minha frente outra vez; porém, calada e apressada, dirigiu-se à recepção. Não havia ninguém lá, então decidiu ir ao banheiro e no retorno parou para conversar um pouquinho.

Sorrindo, apesar de estar de máscara, perguntei se ela tinha tirado 10 no exame, pois sempre cuidou bem da saúde, da alimentação e das horas de lazer. Ela comentou que havia feito uma cirurgia

PORTO DE LUZ: ANCORANDO-SE NA NUMINOSA E SINGULAR SEMENTE

cardíaca e que o exame era para acompanhamento. Fiquei assustado, demonstrei minha surpresa e falei algumas palavras de apoio.

Ela perguntou então se eu estava bem. Não tive muito tempo para responder, pois a enfermeira me chamou. Comentei que estava bem, que havia me aposentado, morado na Florida e retornado recentemente ao Brasil.

Quando retornei do exame, ela havia ido embora. A imagem dela e os poucos minutos que conversamos não saíram da minha memória por muitos dias. Outras memórias boas e ruins também foram resgatadas, depois do reencontro.

Como ainda tinha o telefone dela, arrisquei enviar-lhe uma mensagem. Minha esperança era de que ela respondesse e demonstrasse algum interesse em voltarmos a conversar. O retorno pelo Whats foi apenas o ícone "piscadinha" e cada um seguiu a rotina e a vida...

Tentando entender o reencontro, fui buscar apoio num oráculo xamânico. Entrei em estado de meditação e intuitivamente escolhi a carta "Cara Pintada", a qual é vinculada à autoexpressão e com demonstrar corajosamente profundos sentimentos. Conforme Sams:[19]

> "A Cara Pintada expressa
> o que sinto por dentro.
> Nem o nariz, nem os olhos,
> nada que seja visível.
> Só emoções e magia
> expressadas em um desenho:
> Cores do Grande Mistério[20]
> que me pintaram assim"

Em meu coração sutil, mantenho o desejo de um novo encontro. Em minha memória, imagens antigas de intensos momentos. Em meus ouvidos, a canção *Monalisa* de Jorge Vercillo.

---

[19] SAMS, 1993, p. 301.

[20] SAMS, 1993, p. 179: "Grande Mistério vive em Tudo, é Tudo, fonte original da criação".

Sobre vaquinhas e precipícios

Parábola inspiradora:

"Conta a história que um Mestre passeava por uma floresta com um fiel discípulo, quando avistou um sítio de aparência pobre e resolveu fazer-lhe uma visita. Durante o percurso, falou ao discípulo sobre a importância das visitas e as oportunidades de aprendizado que temos. Chegando ao sítio, constatou a pobreza do lugar, sem calçamento, casa de madeira, os moradores — um casal e três filhos — vestidos com roupas rasgadas e sujas. Então, aproximou-se do dono da casa e perguntou-lhe: "Neste lugar, não há sinais de pontos de comércio e de trabalho. Como a sua família sobrevive aqui?". O dono da casa respondeu: "Nós temos uma vaquinha que nos dá vários litros de leite. Uma parte do produto nós vendemos ou trocamos na cidade vizinha por comida e com a outra produzimos queijo e coalhada para o nosso consumo, assim vamos sobrevivendo". O Mestre agradeceu, se despediu e foi embora. No meio do caminho, chamou o discípulo e ordenou-lhe: "Pegue a vaquinha, leve-a ao precipício, jogue-a nele". O jovem arregalou os olhos e questionou o Mestre sobre o fato de a vaquinha ser o único meio de sobrevivência daquela família; mas, como percebeu o silêncio do Mestre, cumpriu a ordem: empurrou a vaquinha morro abaixo e a viu morrer. Anos depois, o discípulo ainda preocupado decidiu voltar àquele lugar, pedir perdão e ajudar de alguma forma aquela família. Quando se aproximou do local avistou um sítio bonito, com árvores floridas, carro na garagem e crianças brincando no jardim. Ficou desesperado, imaginando que a família tivera de vender o sítio. Lá chegando, foi recebido por um caseiro simpático a quem perguntou sobre as pessoas que ali moravam. Ele respondeu: "Continuam aqui". Espantado, entrou casa adentro e viu que era a família que visitara antes com o Mestre. Elogiou o local e perguntou ao dono da vaquinha: "Como tudo melhorou dessa forma?". O senhor, entusiasmado, respondeu: "Nós tínhamos uma vaquinha que caiu no precipício e morreu. Daí em diante, tivemos de fazer outras coisas e desenvolver habilidades que nem sabíamos que tínhamos; assim, alcançamos o sucesso que seus olhos vislumbram agora". (autor desconhecido)

Confesso que muitas vezes minhas "vaquinhas" foram parar no precipício. Algumas, eu as encaminhei conscientemente; outras vezes, o Universo se encarregou de conduzi-las:

1ª: Nascimento (1959)

Após um período indeterminado de tempo, decidi fazer a passagem de parte de mim para a dimensão que partilhamos agora. Já estava encarnado, quando às doze horas e trinta minutos, do dia oito de setembro, após um processo intenso de dor e amor, nasci na cidade de Curitiba/Paraná. Iniciava assim minha jornada e, é claro, sem ter a menor lembrança do que planejei aprender, junto ao Grande Mistério. Acredito que escolhi meu nome, família, grupo de pessoas, os quais me proporcionariam as condições ideais para desenvolver meu projeto de vida e passagem. Nascer lutando pela sobrevivência forjou minha personalidade e fortaleceu minha determinação em realizar meus sonhos. Propósito: evoluir, experienciando e vivenciando intensamente sensações, emoções, sentimentos, pensamentos, relações e processos humanos.

Aprendizado: viver um tempo limitado, em um corpo limitado, com uma consciência limitada, cercado por alguns seres humanos controlados pelo sistema vigente.

2ª: Trabalho (1976)

A adolescência é uma fase complexa e a minha não foi diferente. Naquela época, com dezesseis anos, já me sentia uma ovelha negra, pois questionava crenças e valores de pais, escola, igreja e amigos. Certa vez decidi viajar com amigos, só de mochila e de carona, até o litoral paranaense — sem dinheiro, sem planejamento, sem rumo, sem noção. Minha mãe soube da ideia e falou na frente deles: *"Se você sair por este portão, não o deixarei entrar novamente".* Aquela frase destruiu meu ego, minha imagem, meu sonho, meu desejo e temporariamente meu mundo. Irritado, desisti de viajar. O momento foi registrado para sempre em minha memória. Pensei, repensei, ponderei, analisei e decidi não depender mais de meus pais. Em dezesseis de janeiro do mesmo ano, comecei a trabalhar durante o dia em um banco paranaense, como office-boy, e a estudar à noite em um colégio próximo. Acelerei minha transformação de pré-adolescente em pré-adulto.

Propósito: conquistar meu espaço, minha autonomia e tomar minhas próprias decisões.

Aprendizado: perder o melhor amigo de infância — tomei outro caminho; sentir o peso da responsabilidade — novidade para mim naquele momento.

3ª: Greve (1984)

Havia recém terminado o curso de Administração de Empresas (FAE – Faculdade de Administração e Economia) e o desejo de transformar pessoas e o mundo pulsava dentro de mim. Necessitava urgentemente canalizar essa energia para algum lugar; alocá-la em algum projeto. E a oportunidade surgiu: apoiar o movimento de profissionais do departamento que visava à melhoria nas condições de trabalho e reconhecimento profissional. Era perfeito e me entreguei de corpo e Alma à causa. Conversando com meu pai sobre o assunto, sabiamente ele me falou: *"Vocês estão cutucando uma onça com vara curta, cuidado".* Como um dos coordenadores do movimento, avalio que o resultado foi trágico do ponto de vista profissional, porém também transformador e libertador. Logo após paralisarmos o trabalho de todo o departamento por uma hora, ocorreu uma demissão em massa. Além da demissão, o banco empregador divulgou nossos nomes para todas as empresas de Curitiba que possuíam área de TI (Tecnologia da Informação) — dificultando ainda mais nossa recolocação. Não me arrependo de nada e faria tudo de novo. Lutar por algo em que se acredita e que beneficiará muitas pessoas sempre valerá a pena.

Propósito: experimentar intenso e rico aprendizado sobre gestão de pessoas e processos; provocar um salto quântico de consciência quanto à justiça, lealdade, honestidade e ética.

Aprendizado: procurar um novo emprego fora de Curitiba; abandonar a zona de conforto de morar com meus pais; compartilhar uma república em Florianópolis/SC.

4ª: Casamento (1985)

Ao iniciar um novo trabalho em Florianópolis, o cenário era tenso, ou seja, longe da família, ganhando um pequeno salário, tendo poucos amigos e sem um projeto de vida definido. Estava à deriva, ao sabor do vento, à mercê das decisões do Universo. Após algum tempo, em virtude de uma namorada de Curitiba, minha rotina era sacolejar em um ônibus da Viação Catarinense todo final de semana de Florianópolis para Curitiba e vice-versa. Durante um domingo à tarde, em Curitiba, estava eu procurando um novo emprego, quando a campainha tocou. Era uma amiga, que mais tarde se tornaria esposa. Saímos para conversar e dali até a realização do casamento não se passaram mais do que dez meses. A atenção, carinho, apoio e colo aconchegante pode transformar pessoas e motivá-las a buscar a felicidade numa relação. Então, após o casamento, uma nova e intensa fase se iniciava; agora, porém, em um barco com quatro remos.

Propósito: desenvolver diariamente a doação, paciência e amorosidade; vivenciar o planejar, organizar, economizar, comprar, vender, consertar, pintar, limpar, ouvir, falar, ensinar, valorizar, apoiar, consolar, chorar, educar e orar.

Aprendizado: administrar a exclusão, pela minha família, de meus filhos e esposa; por imaturidade na venda de um apartamento, morar na casa de amigos por um período; acolher e aprender a cuidar de dois filhos maravilhosos; crescer nas relações marido & esposa, pai & filha, pai & filho, eu & pais, eu & irmãs.

5ª: Divórcio (1997)

Como uma panela de pressão em cima do fogo máximo, assim estava nossa relação depois de doze anos de casamento. Não nos entendíamos mais em diversos aspectos. Mesmo assim, conduzi os processos de venda de nossa pequena casa e compra de um grande sobrado. Processo tenso, complexo, complicado, o qual só foi resolvido com sucesso pela Divina intervenção — isso após eu ter sofrido um surto nervoso durante um dia de trabalho. Assim que os processos dos imóveis foram resolvidos, fui chamado na época pela diretoria da empresa onde trabalhava. Achei que iriam transferir novamente minhas férias. Mas não, comunicaram que a partir da próxima segunda-feira eu estava dispensado. Fui para casa sem chão, sem eira nem beira, sem norte nem sul, com um nó na garganta e desconforto físico generalizado. Precisava conversar, precisava de colo, de apoio, de alguém — mas não havia ninguém. Tudo bem, pensei: eu tenho a mim, sabia que Deus estava comigo, é o que basta. Após minha demissão, o casamento não ficou melhor. As discussões aumentaram e, após receber uma significativa agressão, percebi que aquela relação havia se encerrado. Na mesma semana iniciamos o processo de divórcio. A sensação de me sentir *o verme do cocô da mosca do cavalo do bandido feio* invadiu minha Alma. Nem pude comemorar ter sido chamado pela Copel - Companhia Paranaense de Energia para integrar o quadro de funcionários, algumas semanas antes.

Propósito: reconstruir-me a partir de novos valores, crenças, hábitos, amigos e trabalho; criar uma nova realidade a partir da experiência; manter e melhorar a relação com meus filhos.

Aprendizado: ver minha filha e meu filho apenas a cada quinze dias; retornar a morar temporariamente com meus pais; juntar os caquinhos e trabalhar intensamente a autoestima.

6ª: Despertar (2015)

Sou virginiano, portanto, organizado, detalhista, analítico e perfeccionista. Me graduei em Administração de Empresas em 1983, com ênfase em Gestão de processos, estoques e pessoas. Trabalhei na área de TI (Tecnologia da Informação) desde 1976, gerenciando equipamentos, dados, processos, projetos, serviços e talentos. Ou seja, características pessoais e profissionais focadas no racional, em tecnologia, que não estavam produzindo equilíbrio e paz. Em busca de equilíbrio e harmonia interna comecei a frequentar cursos holísticos (Tarô, *Reiki*, Radiestesia, Cabala); participar de grupos de caminhadas e esportes radicais; vivenciar rituais xamânicos; praticar yoga, meditações e outras terapias e escrever com mais regularidade. Apesar dessas atividades, senti que ainda faltava alguma coisa. Queria trabalhar minha espiritualidade e adentrar minhas alcovas, sombras e esconderijos. Eis que o Universo trouxe, durante uma viagem à Tailândia, a informação sobre o curso de pós-graduação em Psicologia Transpessoal, ministrado pela Unipaz de Curitiba. No ano seguinte me matriculei e durante o curso me desconstruí e reconstruí diversas vezes. Trabalhar-me doeu um pouco algumas vezes; em outras, porém, doeu muito mais. No curso, abordamos temas que eram sombrios para mim, que eram crenças ocultas em mim e que libertaram mágoas, rancores e raivas estagnadas. Como resultado, outro salto quântico de consciência.

Propósito: analisar e validar crenças, valores e verdades; identificar e tratar máscaras e sombras; despertar do estado Normótico; publicar livros que agreguem valor às pessoas.

Aprendizado: acolher minha singularidade sem me importar com os demais seres humanos; substituir o olhar humano-racional por um olhar humano-espiritual.

7ª: América (2018)

Em fevereiro de 2016, durante uma dinâmica de respiração holotrópica, ocorreu minha primeira conexão com o então, ainda anjo, primeiro neto. A emoção tomou conta de meu Ser e lágrimas brindaram nosso primeiro encontro. Conforme estabelecido por ele, e de comum acordo com o Grande Mistério, ele nasceu em 2016. Em maio do mesmo ano, após tê-lo acolhido em meus braços pela primeira vez, decidi dar continuidade à minha atual jornada ao lado dele e de meus filhos, na Flórida. Para isso, foi necessário um movimento interno (sutil, emocional, sentimental, psicológico, de desapego e coragem) e outro externo (obter o Green

Card, aposentar-me na Copel - Companhia Paranaense de Energia, reorganizar minha vida no Brasil, planejar o que era possível na Flórida). Em janeiro de 2018, desembarquei em Fort Lauderdale e minha família foi me buscar no aeroporto. Tudo em minha vida mudou drasticamente. Na bagagem, as experiências adquiridas até então, e também milhões de incertezas.

Propósito: estar próximo de meus filhos e netos; aprender o idioma inglês; vivenciar diversos processos e conquistar meu espaço na América.

Aprendizado: abandonar minha zona de conforto no Brasil; ficar longe de meus pais e irmãs; recomeçar minha vida do zero; trabalhar a discriminação de não saber me comunicar fluentemente em inglês.

8ª: Brasil retorno (2020)

Quando cheguei na Flórida em 2018, fui inicialmente morar no apartamento de meu Filho e Nora, aos quais agradeço imensamente a acolhida e todo o apoio inicial. Porém, após três meses, aluguei um apartamento. Processo complexo, pois eu era um imigrante, aposentado no Brasil, não tinha um bom crédito e ainda ninguém me conhecia. Na mesma época, tirei minha carteira de motorista americana — processo complicado, pois o teste prático e o teste sobre leis e sinais de trânsito foram em inglês. Comprei um carro para me locomover até a escola de inglês (curso patrocinado pelo governo) — processo tenso, pois tive que trazer muito dinheiro do Brasil e pedir para meu Filho conduzir a compra junto a uma concessionária local. Minha rotina na época era: aulas de inglês, manhã e tarde (segunda a sexta-feira); cuidar do meu Neto com frequência durante a semana; lavar roupas e limpar meu apartamento nos finais de semana; às vezes sair com meus Filhos; ler e escrever muito durante o tempo livre. Amigos, só os da escola. Caminhadas, apenas no próprio condomínio onde morava (andar a pé, na rua, é muito estranho na América). Após um ano de aluguel do apartamento, concluí que joguei muitos dólares pela janela e decidi comprar um apartamento — processo demorado e supercomplicado, pois minha renda vinha do Brasil e precisava de financiamento. Consegui adquirir um bom imóvel em Boca Raton, do lado do apartamento de minha Filha e próximo do apartamento de meu Filho e Nora. Estava tudo relativamente calmo; porém, a vida são ciclos e começaram os problemas: minha tristeza por estar longe do Brasil aumentou; a dificuldade de entender o idioma inglês parecia insolúvel; frequentemente estava resfriado em virtude do ar condicionado; o custo do meu apartamento aumentou; o dólar decolou — exigindo que trouxesse mais dinheiro do Brasil do que apenas minha aposentadoria para pagar as despesas. Então, decidi conversar com meus Filhos e em fevereiro de 2020 decidi retornar ao Brasil. O acordo foi acompanhar o crescimento de meus Netos por meio de visitas anuais à Florida. Vendi o carro e o apartamento e em maio (durante a pandemia) retornei ao Brasil.

Propósito: abandonar minha zona de conforto na Flórida; reconstruir minha vida no Brasil; manter a tentativa de aprender o idioma inglês; eliminar uma grande dívida assumida em dólar.

Aprendizado: manter uma boa relação com meus Filhos e acompanhar o crescimento de meus Netos, mesmo à distância.

Muitas vezes é saudável mudar a atual realidade, e jogar a vaquinha no precipício é uma das formas de se fazer isso. Cria-se, assim, espaço para a construção de uma nova realidade. Para isso, no entanto, é necessário coragem, confiança, determinação, persistência e respeito por tua individualidade.

É fato também que toda decisão tem bônus e ônus, consequências positivas e negativas, celebrações e despedidas, alegrias e tristezas. Afinal vivemos em uma dimensão onde a dualidade é a lei principal e tudo tende ao equilíbrio. Se recebemos algum benefício do Universo, necessariamente algo em troca será tirado de nós.

Encerrando o texto, trazendo para reflexão uma questão interessante publicada por Bach:[21]

> "Dei minha vida
>
> para me tomar a pessoa que sou neste exato momento!
>
> ... valeu a pena?"

---

[21] BACH, Richard. *Um*: uma surpreendente aventura através de mundos paralelos. Rio de Janeiro: Record, 2010, p. 228.

Seres húmusmanos

No início de 2021 publicou-se na mídia diversas mensagens sobre a venda de uma minimotossera elétrica.

Figura 1 – Minimotoserra

Fonte: Facebook

Duas frases me chamaram atenção na divulgação do produto:

- "Motosserra à bateria recarregável e portátil, 4 horas de vida útil da bateria, sem danos à casca", ou seja, pode-se matar a árvore com ela, mas caso se opte por apenas cortar um ou dois dos galhos (braços), a ferramenta não causará danos à casca dos outros que sobreviverem;
- "Corpo leve e conveniente, design (2,2 LBS com bateria), muito tempo segurando e não às mãos cansadas", ou seja,

a morte da árvore será feita sem que o matador se canse durante o processo.

As imagens do vendedor com ela, destruindo galhos de árvores e até árvores inteiras, causou-me tristeza e um profundo mal-estar. Resolvi, então, postar algumas questões na mídia, visando provocar reflexões sobre o uso de tal "maravilhosa e inovadora" ferramenta:

- Quando acabarem as árvores que matei, onde posso comprar outras? (publicada em 2/2/2021);

- O módulo "replantar as árvores que matei" está embutido no pacote principal ou é um acessório a ser adquirido à parte? (publicada em 4/2/2021);

- Posso usá-la também para serrar pernas e pescoços de animais e pessoas ou ela é específica para esquartejar e matar árvores? (publicada em 5/2/2021).

Obviamente, até hoje não recebi resposta dos revendedores e o que me deixou mais decepcionado: constatei pouquíssimas "curtidas" aos meus questionamentos.

A cada dia que passa fica mais claro para mim por que somos chamados de seres humanos. "Humanos" deriva da palavra "húmus", que significa "o excremento produzido pelas minhocas". Portanto, a identificação deveria ser ajustada para "seres húmusmanos", certamente ficaria mais adequada.

Farofa profana

Era meia-noite de uma indecente noite e meia.

Ainda deitado, senti deslizar pelas minhas costas nuas uma pedra de gelo.

Escutei o barulho do calor de meu corpo derretendo-a lentamente.

Confuso, entreabri os olhos, e a vi dançando na borda do copo de Campari

ao som de *You can leave your hat on* de Joe Cocker, um insinuante convite ao pecado.

Cambaleante, cheguei até uma das pedras de gelo, onde repousava meu copo.

Aumentei sutilmente a intensidade da lâmpada negra sobre nós, naquela cama.

Procurava minha sanidade — perdida em meio aos intensos beijos molhados.

Encontrei loucos desejos, insistentemente acesos em frente à lareira de pedra.

Desisti então de tentar encontrar o que é oculto até para o próprio ego.

Sussurros obscenos vinham de baixo das águas cálidas, da piscina carmim.

Despertavam o instinto predador que habitava meu Ser tão ereto.

Mergulhei de carne, pensamento, emoção, sentimento, energia, espírito e osso.

O fluxo jorrado lavou almas, dores e as paredes, que apenas observavam.

Revitalizado, após improvável, mas realizado ato, bradei em alto e bom "Ton".

A dama daquela noite me olhava como quem devorava um cupcake cremoso.

Saliva, suor e lágrimas se misturavam, provocadas pelo nosso fogo interno bruto.

Quem és tu que invades minha intimidade sem permissão, questionei?

Se puder, junte as algemas, cordas, correntes e saia de mim, respondeu ela...

Como farofa profana, ela besuntava nossos corpos — escravos eternos do prazer.

Inescrupulosa saudade

Você poderia ter estancado o sangue que escorria dos meus olhos,
mas preferiu virar a face, escolhendo a **rejeição**.

Você poderia ter compartilhado um pouco mais do teu tempo,
mas teu ego assumiu o controle, escolhendo a **traição**.

Você poderia ter saciado minha sede de atenção e carinho,
mas deu as costas a tudo que vivenciamos, escolhendo a **injustiça**.

Você poderia ter fortalecido os pilares de nossa relação,
mas optou por transmutar felicidade em lágrimas, escolhendo a
humilhação.

Você poderia ter dito não ao meu pedido de separação de almas,
mas eliminou do teu radar minhas pegadas, escolhendo o **abandono**.

Então me pergunto:
Por quê, se dói tanto escrever sobre as cinco feridas[22] da Alma?

E honestamente me respondo:
Porque é mais saboroso o fel de uma intensa saudade inescrupulosa
do que a plena paz de um vazio coração sutil.

---

[22] BOURBEAU, Lise. *As cinco feridas emocionais*: rejeição, injustiça, abandono, humilhação e traição. Rio de Janeiro: Sextante, 2020, p. 13.

Efêmera relação

Fomos
um olhar,
um sorriso,
um abraço,
um beijo,
um sussurro,
um calafrio,
um sentimento,
um desejo,
um suspiro,
um entrelaçar,
um êxtase,
um só,
um caminho,
um obstáculo,
um fim,
um adeus,
um engano...

Magia dourada

(inspirado na canção *I´d love you to want me* de Lobo)

Eu jamais vou esquecer
o dia que te vi chover,
o vento veio antes me dizer
que a magia iria acontecer.

No farol eu te beijei,
eu te pedi e até implorei.
Teu gosto então provei
e dele jamais esquecerei.

Baby,
Todo êxtase é do bem,
basta estar amando alguém,
que a paixão sempre vem.

Baby,
momentos loucos trazem a paz,
esqueça o medo e tudo mais,
o agora pode ser tão fugaz.

Em meu corpo você ficou,
o sol forte, então, me bronzeou,
quando o velho mar me banhou,
um sorriso imenso desabrochou.

Em teus olhos pude ver
a imensa força do bem-querer.
A experiência vamos reviver,
sempre que o farol novamente acender.

Acolhendo sombras

Finalmente o Universo trouxe até mim o filme *O efeito sombra*, lançado em 2009 e narrado por Debbie Ford[23], e em seguida o livro[24] de mesmo nome. Confesso que assisti ao filme pela primeira vez apenas com a mente racional, e a plenitude da escuridão se fez presente. Alguns dias depois assisti novamente, porém, dessa vez, com o coração sutil, e tudo fez sentido.

Das muitas informações inseridas no filme, as seguintes afirmações de Nilton Kamigauti[25] foram as que chamaram mais atenção:

> A sombra representa, por um lado, tudo aquilo que não gostaríamos de ser e, por outro lado, é na sombra que também guardamos ricos potenciais.
>
> A cada escolha, o ego deixa de viver muitas outras possibilidades que também se incorporam à sombra. Dessa forma, a sombra guarda muitos potenciais que podem ser conscientizados, nos fornecendo novos recursos.

O conteúdo do filme me instigou profundamente e nasceu o desejo de trabalhar esses aspectos em mim. Compreendendo que as sombras integram meu Ser, reconhecê-las e acolhê-las certamente ampliará minha paz interior, pensei.

Após um turbilhão de inquietações internas e muita coragem, afinal enfrentar "sombras" é certamente uma humilhação para o ego, decidi garimpar meus porões identificando-as, descrevendo-as com respeito e amorosidade, e acolhendo-as por meio de um processo interno e consciente:

---

[23] Autora, coach, palestrante e professora americana.

[24] CHOPRA, Deepak. *O efeito sombra*: encontre o poder escondido em sua verdade. São Paulo: Harper Collins, 2022.

[25] Psicólogo com orientação junguiana — Psicologia Analítica. Fonte: www.nilton.psc.br.

1ª: Eu quero nascer

Chovia torrencialmente naquela tarde de domingo. O barulho dos pingos na calha me acalmava e ao mesmo tempo me angustiava. Certamente memórias boas e más registradas em minha memória, trazidas à consciência pelo som do momento. Estava na sala de estar rabiscando algumas palavras e pensamentos em meu caderno violeta, quando ouvi um grito que veio do banheiro de minha casa: "Eu quero nascer!". Corri até lá, acendi as luzes, olhei para todos os lados e ninguém fisicamente estava lá. Estava saindo do banheiro, quando ouvi o grito novamente. A voz vinha do imenso espelho instalado no local. Naquele instante percebi que uma de minhas sombras clamava por minha atenção.

Acolhimento: aos prantos caí de joelhos em frente à minha/tua imagem e olhando em meus/teus olhos sussurrei: "*Compreendo que quer nascer. Conversamos sobre isso em uma das Constelações que vivenciei. Eu assumo a responsabilidade por não ter nascido. A possibilidade nesta jornada foi eliminada com a vasectomia que fiz. Admito que privei você de uma experiência encarnada. Das alternativas que tive na época, optei por mantê-lo nesta dimensão. Imagino o quanto está sofrendo e compartilho desse sentimento. Peço perdão pela decisão que tomei. Te reconheço, a partir de agora, como meu terceiro filho e te abençoo*".

2ª: Magnetismo pessoal

Eu estava com 14 anos e minha energia vital já transbordava pelos poros. Apesar dos cabelos excessivamente compridos, mantinha um ar de moço bom. Gostava de ser elogiado pela postura séria e introspectiva que demonstrava. Já me percebia diferente daqueles com os quais convivia, pois "assumir o papel de observador consciente de um momento vivido era frequente e natural para mim". Conquistava a todos com minha educação e principalmente atenção. Mais tarde, percebendo a importância de cativar pessoas, decidi aprimorar essa habilidade por meio de várias leituras sobre "magnetismo pessoal". Nascia então o "encantador de pessoas".

Experimentei o êxtase, pois a partir daquele instante, com muita intensidade e prazer, conquistei todas as garotas que desejei. Isso foi também minha prisão, pois minha perda de sensibilidade impediu-me de desenvolver plenamente a capacidade de me doar, de confiar nas pessoas e de amar.

Acolhimento: data e hora terráquea — 11/11/2019, 11:11. Estou 60 anos mais velho. Muito namorei, casei, divorciei-me e namorei novamente. O que tenho, porém, são apenas lindas memórias, fotos das mulheres maravilhosas que conheci e textos inspirados, detalhando momentos de entrega e amor. Tenho ainda o desejo imenso de construir uma nova e verdadeira relação, com alguém que está para chegar...

3ª: Dominar com o olhar

Ao longo da minha juventude percebi que, apenas com um olhar, possuía a capacidade de destruir as defesas e os escudos de proteção das pessoas. Confesso que essa habilidade gerava um sentimento de imenso prazer, apesar de perverso e sádico. No início usava como defesa, mas como era tão simples desencadeá--lo passei a usá-lo mesmo desprovido de medo ou raiva. Bastava me concentrar na possibilidade que o olhar se fazia presente. Fiz uso dele várias vezes para controlar, assustar, magoar e machucar pessoas. Gastava pouquíssima energia e atingia rapidamente meu objetivo, que era o de subjugá-las. Meu maior trunfo era a surpresa. Como ele era instantâneo, as pessoas não tinham tempo para reagir — pura maldade da minha parte. Cuidado, porém, ao usar essa ferramenta (arma) durante uma DR (discussão de relacionamento) de você com você mesmo, em frente ao espelho. Caso tenha coragem, ao fitar teus olhos, toda a dor das pessoas que subjugou inundará tua mente e teu coração sutil, instantaneamente. Eu não tinha tal consciência e não estava pronto para lidar com isso, na época.

Acolhimento: exatamente assim aconteceu comigo! No início me senti um verme, um lixo, um crápula e um cafajeste. Passados alguns segundos, respirei profundamente, e então me senti ainda mais cruel, malvado, tirano, perverso, desumano, maldoso e impiedoso. Foi necessário muito trabalho interno para deixar essa "ferramenta" de lado e, com segurança, acolher minha humanidade e, mais tarde, minha divindade. A transmutação só ocorreu efetivamente durante o curso de pós-graduação em Psicologia Transpessoal da Unipaz, quando me descontruí e reconstruí infinitas vezes. A vigília, porém, continua. Afinal, ainda estou humano.

4ª: Cega obediência

Como toda criança saudável, fui arteiro e agitado. Em virtude de ter duas irmãs mais novas, alvos de minhas provocações, desenvolvi muito minha inteligência e astúcia. Minha mãe na época era muito rígida, exigia ordem e capricho em tudo o que fazíamos e um comportamento adequado em todas as situações. É claro que isso gerava conflito e resultava em surras e castigos frequentes. Certa vez, não lembro o porquê, saí correndo de perto de minha mãe e me tranquei no quarto. Eu sabia que, se deixasse a porta aberta, apanharia. Ela veio calmamente, bateu três vezes na porta e disse: "*Abra, senão vai ser pior*". Com um nó na garganta, de medo, na terceira vez, lentamente girei a chave: ela entrou e apanhei intensamente. Só conseguimos entender plenamente essas e outras atitudes de nossos pais e o modelo de educação que recebemos na infância e adolescência após sermos agraciados por Deus com filhos. É que a partir daí cabe a você e ao teu parceiro ou parceira decidirem qual o modelo de educação é mais adequado para eles. Certamente nossos pais nos deram tudo e o melhor que tinham. É claro que muitas vezes cometeram excessos ou se ausentaram, por não compreenderem plenamente o que estava ocorrendo, ou por não nos conhecerem muito bem, ou ainda por não se conhecerem profundamente. Afinal, quem de nós, pais e mães, nunca cometeu algum equívoco durante algum momento importante de nossos filhos? Um modelo fundamentado no medo, autoridade e violência não gerará frutos saudáveis. Um modelo apoiado no protecionismo, vistas grossas e complacência também não será efetivo. O modelo mais adequado provavelmente seja aquele que dá o limite, apresentado com carinho durante diálogos sadios, o respeito, a amorosidade, a espiritualidade, a gratidão e formas adequadas para resolver cada situação, como pilares.

Acolhimento: apesar de não concordar com o método educativo, orientativo e de apoio usado pela Mãe, tenho hoje consciência de que era o melhor que ela tinha a oferecer, o melhor que tinha a entregar. Por isso a perdoo, honro e agradeço imensamente.

Doeu, mas as reflexões e os textos foram concluídos. Confesso que me sinto mais leve, após consciente catarse. As sombras identificadas foram acolhidas, mas devo continuar vigilante, pois sou um Universo e alguma delas pode renascer ou novas se instalarem. E quanto às tuas sombras, caro leitor, cara leitora?

CAPÍTULO 2

Despertar

Processo vinculado ao elemento água, ao segundo chakra (sacro), à fluidez, lubrificação, nutrição, hidratação, limpeza, flexibilidade e à busca de novos caminhos.

Os textos são fluidos e descrevem o uso da consciência durante os processos de tomada de decisão e reflexão sobre as consequências advindas de tais ações.

reflexão proposta

As decisões que tomamos ao longo da jornada poderão nos conduzir até oceanos límpidos ou esgotos tóxicos. Recomenda-se fortemente que, antes de cada decisão, de cada escolha, consulte primeiro teu coração sutil (chakra cardíaco) e depois tua mente criadora.

Pegando no tranco

Permitir que o transformem em um bonsai... é um crime contra tua individualidade.

Permitir que o castrem como um poodle... é um crime contra tua liberdade.

Permitir que lhe podem raízes, galhos e folhas... é um crime contra tua integridade.

Permitir limitar-se a um corpo físico... é um crime contra tua abençoada existência.

Acorda, Mané!

Desligue o piloto automático... desperte para a vida e para tua essência espiritual.

Morra para o sistema... conecte-se à Centelha Divina[26] que habita teu Sagrado Ser.

Torne-se responsável por tuas escolhas e atitudes... mantenha-se decente e consciente.

Honre tua Divina singularidade... transborde verdade, gentileza, gratidão e amor.

---

[26] SAMS, 2003, p. 8: "Centelha Divina é a centelha de vida exalada pelo Criador antes do nascimento, força vital".

PORTO DE LUZ: ANCORANDO-SE NA NUMINOSA E SINGULAR SEMENTE

Libertadoramente

Como a mente,
ancestral... mente,
contraída... mente,
deliberada... mente,
depressiva... mente,
desapegada... mente,
desarmoniosa... mente,
descarada... mente,
desconectada... mente,
desintegrada... mente,
grosseira... mente,
horrível... mente,
inconsciente... mente,
infeliz... mente,
intencional... mente,
mundana... mente,
total... mente,
transbordante... mente,
vil... mente,
vulgar... mente,
sempre mente...

Decido acolher
meu coração sutil,
minha singular essência
e me tornar luz,
a luz da verdade.

O grande mistério

Das profundezas da Alma,
emerge repentinamente uma sensação de abandono e um sentimento de exclusão do todo.
A inspiradora melodia *Anahata Chakra* de Guna Sangah
potencializa a percepção de estar completamente sozinho.
Silenciosa e tranquila, a noite chega na Flórida,
trazendo consigo os raios da meiga e mágica lua azul.
Testemunhas do visceral momento,
lágrimas saltam dos verdes olhos sobre as palavras rabiscadas no papel vegetal.
Sutil como o sabor de uma gota de orvalho,
o Ser mergulha na dor e inicia a busca da cura.
A satisfação pelo que já foi construído, a gratidão pelo que já foi aprendido
e a alegria pela maravilhosa família constituída transbordam nele,
mas está faltando alguma coisa...

De onde vem este desejo?
E este sentimento?
E esta emoção?

Então, magicamente uma Divina voz sussurra em mim:

> *"Amado, respira e acalma tua mente.*
> *Acalma também teu coração sutil e respira novamente...*
> *Estás conectado agora com o Sagrado.*
> *Contempla esta paz, este silêncio, este acolhimento.*
> *Aceita este cuidar amoroso oferecido pelo Grande Espírito.*
> *Afinal, confiar no Absoluto é o grande mistério da vida".*

Pedradas transformadoras no conformismo

"Conformismo" nasceu aos trinta anos de idade dentro de "João Cansado", que não gostava de estudar, trabalhar, malhar, falar, sair, viajar e pensar. Enfim, não produzia nada, apenas respirava e, na época, dependia totalmente de seus pais para sobreviver.

"Conformismo" nasceu consciente de que sua atuação naquele indivíduo seria adoecê-lo, adormecê-lo, anestesiá-lo, deprimi-lo e amordaçá-lo sempre que possível, obedecendo rigidamente aos comandos enviados secretamente pela Aliança do SOL (Sempre Ocultar a Luz).

Os dias se passavam e "Conformismo" recebeu a ordem de ampliar sua ação dentro do indivíduo que habitava, criando uma orquestra, a qual batizou de "Tamo Junto".

Para integrar a banda, "Conformismo" chamou as amigas "inércia", "mente", "mentira", "preguiça" e "submissão" e os amigos "adormecido", "alienado", "desanimado", "estagnado" e "resignado". Ele era o líder e responsável pelas letras e melodias; amigas e amigos tocariam os instrumentos.

A primeira canção composta por "Conformismo" fez muito sucesso nas paradas dos parados, e chama-se "Você tem que". Segue parte da letra:

> *"Você tem que fazer o que te mandam, para ser feliz.*
> *Você tem que acolher o sistema e cada nova diretriz.*
> *Você tem que brincar no circo que se tornou o país.*
>
> *Afinal, controlar é tão legal.*
> *Afinal, ser sustentado é o novo normal.*
> *Afinal, ser 'normal' é sensacional".*

A segunda canção composta por "Conformismo" fez muito mais sucesso e chama-se "O Mano voltou". Segue parte da letra:

"Você sabia, mas por esperteza se esqueceu.

Você se escondeu e na hora certa nele votou.

Você reclamava, quando tudo 'piorou'.

O Mano voltou e a 'democrassia' restituiu.

O Mano voltou e o 'gopi' não permitiu.

O Mano voltou, salve o regime que nos pariu".

Como tudo na terceira dimensão é dual e a terceira lei de Isaac Newton ("para toda força de ação existe uma força de reação, que possui a mesma intensidade por sentido contrário") comprova isso, aos quarenta anos de idade nasce "Inquietude" dentro de "João Cansado". "Inquietude" nasceu consciente de que sua atuação naquele indivíduo seria acordá-lo, animá-lo, curá-lo, motivá-lo e suportá-lo sempre que possível, obedecendo aos comandos enviados intuitivamente pela Aliança da LUA (Luminoso Universo de Amor).

"Inquietude", ciente de que a linguagem musical influenciava com sucesso pensamentos, sentimentos e atitudes de "João Cansado", decidiu criar também uma orquestra, a qual batizou de "A luz do som". Esta, porém, tinha como propósito resgatar "João Cansado" física, mental, emocional e espiritualmente.

Para integrar a banda, "Inquietude" chamou as amigas "alma", "compaixão", "cura", "gratidão" e "verdade" e os amigos "ânimo", "coração sutil", "equilíbrio", "respeito" e "rezo". Ela era a líder e responsável pelas letras e melodias; amigas e amigos tocariam os instrumentos.

A primeira canção composta por "Inquietude" foi divulgada com bastante restrição em virtude do controle exercido pelo sistema vigente dos canais de comunicação, e se chama "Sagrado acolhedor". Segue parte da letra:

"Acordar e sentir a vida nos faz, em oração, agradecer.
Acordar e sentir a brisa da manhã nos faz a natureza enaltecer.
Acordar e sentir o amor nos faz o Sagrado compreender.

Pulsa em nós o bem transformador.
Pulsa em nós o perdão curador.
Pulsa em nós o Sagrado acolhedor".

A segunda canção composta por "Inquietude" fez mais sucesso, despertou muitas pessoas e chama-se "Singular semente de luz". Segue parte da letra:

"Mergulhe e encante-se com suas virtudes abençoadas.
Mergulhe e cure-se das dores e culpas aprisionadas.
Mergulhe e banhe-se na confiança e fé renovadas.

Agora habita em nós a pureza do amor que reluz.
Agora habita em nós a Centelha Divina que consciência produz.
Agora habita em nós a singular semente de luz".

A guerra interna em "João Cansado", entre "Comodismo" e "Inquietude", foi intensa e se prolongou por vários anos. Porém, como no final o Bem sempre vence, "João Cansado" foi resgatado, trocou de nome para "João Guerreiro" e hoje, mais consciente e feliz, vivencia um adiantado processo de evolução em todas as suas dimensões.

Decisões assertivas

Em um processo de tomada de decisão, além da escolha propriamente dita, temos mais dois fatores: o Custo e o Valor.

O **Custo** é o esforço, a energia, o tempo, o dinheiro, as consequências, a tristeza gerada e as perdas que deverão ser trabalhadas e acomodadas de alguma forma em nossa memória e coração sutil, após a decisão. É o quanto de energia vital você está disposto/a a alocar para tomá-la e depois mantê-la.

O **Valor** é o retorno, o ganho, o benefício, o aprendizado, a sabedoria, a paz, o êxtase, a felicidade gerada. É o resultado da quantidade de coragem alocada para tomar a decisão, o mérito, o salto de consciência, o reconhecimento da ousadia, o novo olhar, a nova realidade criada.

Durante o processo, conforme a lei da dualidade presente nesta dimensão, magoaremos algumas pessoas e alegraremos outras. Mas talvez o mais importante seja tomar a decisão de forma consciente e transparente, após analisar demoradamente cada variável, cada fator e pessoas envolvidas. Caso contrário, a culpa poderá, por algum tempo, ser tua companheira.

Visando contribuir, recomenda-se responder e refletir sobre as cinco questões elaboradas por Mestre João Magalhães,[27] publicadas em seu site, antes de iniciar o próximo processo de tomada de decisão:

1. *De que forma esta decisão trará paz e harmonia?*

2. *Estou seguro para tomar esta decisão? Se não, o que fazer primeiro?*

3. *Que aprendizagens e consequências trará a decisão tomada?*

4. *O que devo fazer para que a decisão se torne realidade?*

5. *A decisão a ser tomada beneficiará a mim e aos outros?*

---

[27] Mestre Reiki e Presidente da Associação Portuguesa de Reiki. Fonte: www.joaomagalhaes.com.

Identificando padrões limitantes

O propósito deste tópico é promover uma profunda reflexão sobre possíveis "padrões limitantes" instalados em nossas mentes. Tais estruturas podem nascer a partir de "crenças limitantes" e gerar ansiedade, depressão, tristeza, medo, sensação de abandono, desânimo e até levar a decisões radicais, com consequências irreparáveis.

Inicialmente, é importante conhecer o conceito da patologia vinculada a padrões limitantes. Segundo Weil:[28]

> **Normose** é o conjunto de normas, conceitos, valores, estereótipos, hábitos de pensar ou de agir aprovados por um consenso ou pela maioria de pessoas de uma determinada sociedade, que levam a sofrimentos, doenças e mortes.

Outros dois conceitos fundamentais para o estudo são apresentados por Weil:[29]

> **Estagnante** — ser humano cego, adormecido, profundamente normativo e condicionado por uma sociedade desequilibrada;
> **Mutante** — ser humano em plena transformação, voltado para o equilíbrio entre os elementos interiores masculinos e femininos, que procura contribuir para uma cultura de paz e não-violência, para uma sociedade em harmonia com a natureza.

A reflexão se utilizará do Quadro 1, desenvolvido por Pierre Weil e ajustado pelo Autor. Ele auxiliará na identificação das primeiras estruturas limitantes, se existirem.

---

[28] WEIL, Pierre; LELOUP, Jean-Yves; CREMA, Roberto. *Normose*: a patologia da normalidade. Petrópolis: Vozes, 2014, p. 18.
[29] WEIL, 2014, p. 121.

Recomenda-se cuidadosa leitura das colunas "Aspecto" e "Características", e logo em seguida assinalar o resultado da reflexão, estagnante ou mutante, na coluna "Resposta":

Quadro 1 – Identificação de possíveis traços normóticos

Aspecto	Características	Resposta
Estado de consciência	**Estagnante:** adormecido, inconsciente, autômato. **Mutante:** vigilante, consciente, desperto.	Estagnante (____) Mutante (____)
Visão do Cosmo, do Universo	**Estagnante:** fantasia da separatividade (eu-cosmo), Universo feito de matéria, visão mecanicista. **Mutante:** conhecimento da inseparabilidade de tudo, Universo feito de espaço/energia/luz, visão sistêmica.	Estagnante (____) Mutante (____)
Funções psíquicas	**Estagnante:** separação entre intenso, sensação e sentimento e intuição. **Mutante:** reintegração, razão, sensação, sentimento, intuição.	Estagnante (____) Mutante (____)
Pressuposto antropológico (natureza humana)	**Estagnante:** unidimensional (apenas matéria). **Mutante:** bidimensional (matéria + mente).	Estagnante (____) Mutante (____)
Valores principais	**Estagnante:** segurança, sensualidade, poder, competição, consumo. **Mutante:** amor, inspiração, verdade, transcendência, divino, beleza, sagrado.	Estagnante (____) Mutante (____)
Política	**Estagnante:** democrático extremista ou conformista. **Mutante:** senso de responsabilidade política, liberal democrático ou apartidário.	Estagnante (____) Mutante (____)

PORTO DE LUZ: ANCORANDO-SE NA NUMINOSA E SINGULAR SEMENTE

Religião	**Estagnante**: crença no discurso, na razão ou na fé ou agnóstico e descrente. **Mutante**: saber fundamentado na experiência interior.	Estagnante (____) Mutante (____)
Deus	**Estagnante**: personagem autoritário, culpabilizante ou inexistente. **Mutante**: experiência de luz divina, sagrada, espaço aberto de luz e força, inefável.	Estagnante (____) Mutante (____)
Vida, após a morte	**Estagnante**: crença na imortalidade da Alma ou em nada. **Mutante**: vivência fora do corpo, pessoal ou de outros, de vidas passadas ou de contato com outros espíritos.	Estagnante (____) Mutante (____)
Vida, visão evolutiva	**Estagnante**: limitada aos progressos físicos, às aptidões intelectuais e aos conhecimentos acadêmicos. **Mutante**: equilíbrio e harmonia, amor e vivência do sagrado.	Estagnante (____) Mutante (____)
Sonhos	**Estagnante**: não sonha ou não lembra dos sonhos. **Mutante**: sonho lúcido e conscientização do sonho.	Estagnante (____) Mutante (____)
Acordar	**Estagnante**: confuso, variável. **Mutante**: lúcido, criativo.	Estagnante (____) Mutante (____)
Levantar	**Estagnante**: horas variadas, eventuais exercícios. **Mutante**: cedo e regular, meditação ou oração diária, prática de yoga, pilates, tai chi chuan.	Estagnante (____) Mutante (____)

Banho	**Estagnante:** automático, pensando em outras coisas ou em nada. **Mutante:** consciente, com prazer, meditativo.	Estagnante (____) Mutante (____)
Roupa	**Estagnante:** qualquer uma, conforme o gosto. **Mutante:** simplicidade, porém adequada, bonita e simbólica.	Estagnante (____) Mutante (____)
Alimentação	**Estagnante:** predominantemente carnívora, em geral desregrada. **Mutante:** natural, sadia, pouca carne, limitada a frango e peixe ou vegetariana.	Estagnante (____) Mutante (____)
Profissão	**Estagnante:** qualquer. **Mutante:** se possível, a serviço de seus valores e de sua missão.	Estagnante (____) Mutante (____)
Lazer e férias	**Estagnante:** comum, segue o desejo e o prazer. **Mutante:** a serviço da alegria, do amor, da evolução.	Estagnante (____) Mutante (____)
Vida amorosa	**Estagnante:** encontros ocasionais ou casal tradicional, sexo muitas vezes dissociado do amor. **Mutante:** estabelecimento de relação evolutiva, amor e sexo inseparáveis.	Estagnante (____) Mutante (____)
Gênero	**Estagnante:** tendência ao predomínio absoluto do masculino ou do feminino, tanto no homem quanto na mulher. **Mutante:** tendência ao equilíbrio entre a energia masculina e feminina.	Estagnante (____) Mutante (____)

Fonte: Weil, 2003, p. 119

Em um segundo momento, será usado o Quadro 2, visando esgotar a busca por possíveis estruturas normóticas. Recomenda-se cuidadosa leitura das colunas "Aspecto" e "Características", e em seguida refletir sobre afirmações de grandes personalidades, registradas na coluna "Suporte":

Quadro 2 – Identificação complementar de possíveis traços normóticos

Aspecto	Características	Suporte
Paraíso perdido	**Estagnante:** a felicidade está em algum lugar, alguma relação, em alguma pessoa. **Mutante:** a felicidade está dentro do coração sutil, da **numinosa e singular semente**, da Alma.	Conforme Weil:[30] "Paraíso entendido como uma sensação permanente de consciência, como um estado absoluto de bem-aventurança".
Envelhecimento	**Estagnante:** negação da impermanência e da morte. **Mutante:** um processo natural, temporário e necessário no caminho para a evolução, iluminação.	Segundo Crema:[31] "É belo passar, quando aceitamos a impermanência e o próprio sentido da passagem. Por isso, gosto de falar das estações da existência. Cada estação tem a sua beleza, desde que a pessoa atualize os seus valores para que estejam em ressonância com a própria estação".
Planeta	**Estagnante:** os recursos naturais são inesgotáveis, não preciso me preocupar com eles. **Mutante:** uso consciente e sustentável dos recursos disponíveis.	De acordo com Saldanha:[32] "O planeta está em nossas mãos, assim como nós estamos dentro do planeta, ressaltando a dependência dessa relação do homem com a natureza".

---

[30] WEIL, 2003, p. 80.

[31] WEIL, 2014, p. 115.

[32] SALDANHA, Carolina Belei. *Educação Ambiental*. Londrina: Editora e Distribuidora Educacional, 2016, p. 15.

Consumo	**Estagnante:** quanto mais, melhor (alimentos, bebidas, remédios). **Mutante:** consumir o necessário para se ter uma vida saudável e com qualidade.	Conforme Lad:[33] "A raiz de toda doença é existir no organismo o elemento *ama* (comida não digerida, não absorvida), a qual pode obstruir intestinos e outros canais do corpo".
Educação	**Estagnante:** prioriza o decorar, a competitividade acima de tudo e de todos. **Mutante:** busca o entendimento, a construção e a criatividade.	Segundo Weil:[34] "Enquanto criança, a educação visa a preservar os seus dotes e virtualidades de mutante, no adulto se trata de despertar o ser do mutante para o Ser (educação), ou desobstruir o caminho do ser para o Ser".
Informação	**Estagnante:** devo estar conectado o tempo todo às redes sociais, recebendo e postando conteúdo. **Mutante:** conectado quando necessário às redes socias e postando apenas o necessário.	De acordo com Cortella:[35] "Muitas pessoas navegam na internet, mas a maioria delas naufraga, ou seja, informações à deriva não produzem conhecimento".
Singularidade	**Estagnante:** tornar-se singular pode levar ao exílio, à exclusão, à discriminação. **Mutante:** percebe a singularidade como sua Divina característica e a acolhe.	Conforme Safra:[36] "Cada ser humano é a singularização da história de toda a humanidade. O singular fala de si e da condição humana de toda a humanidade de um modo absolutamente inédito".

---

[33] LAD, Vasant. *Ayurveda* — A ciência da autocura: um guia prático. São Paulo: Ground, 2012, p. 47.

[34] WEIL, 2003, p. 80.

[35] YouTube, Café Filosófico CPFL, 2016. Navegar ou naufragar?

[36] SAFRA, 2006, p. 77.

Tecnologia	**Estagnante**: extremamente apegado à tecnologia e inovações, prioriza a comunicação digital. **Mutante**: uso desapegado e adequado da tecnologia e inovações.	Conforme Osho:[37] "A tecnologia é uma coisa pobre; ela não é uma ideia, mas a implementação da ideia. A mente é apenas a superfície do seu Ser; as ideias vêm do centro do seu Ser. A meditação leva você até o centro".
Tenho que...	**Estagnante**: empenha-se nas disputas, homem não chora e mulher é boazinha, corresponde a todas as expectativas externas. **Mutante**: ser feliz, a partir apenas do que agrega e traz felicidade.	Conforme o Autor: "Ser 'eu' mesmo em todas as situações; a verdade sempre, nem que doa; fortalecer qualidades; agir independentemente do que outros pensam, falam ou esperam".
Mudanças	**Estagnante**: apatia, mudanças são arriscadas, receio de sair da zona de conforto. **Mutante**: percebe as mudanças como oportunidades de crescimento e evolução individual.	Segundo Saldanha:[38] "O processo de crescimento saudável, neste enfoque é contínuo, evolutivo, passando por mudanças numa série interminável de situações de livre escolha. O indivíduo se defronta a todo instante ao longo da vida quando deve optar entre os prazeres de segurança e do crescimento, dependência e independência, regressão e progressão, imaturidade e maturidade".

---

[37] OSHO. *Intuição*: o saber além da lógica. São Paulo: Cultrix, 2017, p. 159.

[38] SALDANHA, Vera. *Psicologia Transpessoal — Abordagem Integrativa*: um conhecimento emergente em psicologia da consciência. Ijuí: Editora UNIJUI, 2008, p. 37.

Medo	**Estagnante**: medo do amor, do sucesso, do mergulhar-se, de contrariar, de ser autêntico e singular. **Mutante**: ciente da energia gerada por ele, a sabedoria da ponderação antes da ação, e que depois impulsiona.	De acordo com Krishnamurti:[39] "Ser livre implica solidão completa — o que significa a libertação do medo. É só então que somos indivíduos, não é verdade? Só somos indivíduos quando cessa completamente o temor: da morte, da opinião alheia, que resulta de nossos próprios desejos e ambições, da frustração, do não-ser. O estar só é, sem dúvida, inteiramente diferente do estar em isolamento".
Estar na média	**Estagnante**: quanto mais dentro da média, melhor — totalmente adaptado ao sistema vigente. **Mutante**: quanto mais consciente e evoluído, melhor — na contramão do sistema vigente.	Segundo Osho:[40] "Nenhuma sociedade quer que você seja sábio. Isso vai contra os fundamentos de todas as sociedades. Se as pessoas se tornam sábias, não podem ser exploradas... Se elas são inteligentes, não podem ser subjugadas... Não podem ser forçadas a viver uma vida 'mecânica', vivendo como 'robôs'".
Ousadia	**Estagnante**: hoje não, quem sabe amanhã; e se eu falhar enquanto estiver tentando? **Mutante**: hoje e sempre.	Qual foi a última vez que você fez algo pela primeira vez?

Fonte: O Autor

Encerra-se assim esta breve reflexão sobre "padrões limitantes". Caso deseje estudar o assunto mais profundamente, recomenda-se o livro *Da normose ao sagrado*,[41] publicado pelo Autor em 2017.

---

[39] KRISHNAMURTI, Jiddu. *O libertador da mente*: preces e mensagens. São Paulo: Martin Claret, 1997, p. 57.

[40] YouTube, Project A, 2021, Perigo para sociedade.

[41] MACHADO, Ewerton Vieira. *Da normose ao sagrado*: o despertar da sagrada singularidade humana. Curitiba: Inverso, 2017.

Manifesto sobre o não manifesto

O não manifesto pode ser entendido como o ainda não revelado, não nomeado, não registrado, não detalhado, não conectado, não experimentado; e este estado também é real e verdadeiro, o não manifesto é o nada, é o vazio e também o tudo.

É onde o todo pode ancorar, pois nele o vazio habita. É onde o tudo pode ser manifestado, pois nele há apenas a possibilidade, o potencial da existência. É onde reside a não música, a não poesia, a não lágrima, o não amor, o não ser, o não sentir, a não emoção, o não humano; o não manifesto é onde o tudo e o todo podem vir a ser, mesmo antes de efetivamente se tornarem visíveis, audíveis, tocáveis, saboreáveis e inaláveis.

Até que se tornem manifestadas, tais energias integram o infinito nada. O não manifesto é a morada primordial do amor verdadeiro. Lá, conectado ao não vento, ao não som, ao não calor, ao não sabor e à não ação, recebi a seguinte mensagem:

> Imagine um conjunto de não letras, inseridas em não textos de um não livro.
>
> Esse conjunto não manifesto já são partes existentes do Absoluto.
>
> Ou seja, contém o elemento, a essência sutil do vir a ser ainda adormecido.
>
> Uma forma de conectar-se ao não manifesto é por meio da meditação.
>
> Até a conclusão da evolução humana, será necessário o uso dessa ferramenta.
>
> Muitos lobos uivarão, até que despertem por amor, da egoica ignorância.

Içai vossas velas, para que o vento do não conhecimento vos conduza.

Lá, onde o não sentir habita e apenas a essência é real, será vosso destino.

Saiba que o não sentir é não dor, não apego, não perda, não culpa.

Utopia imaginar que esse estado possa ser manipulado por seres humanos.

Acorde para a dimensão espiritual, onde o não manifesto também habita.

Muitas águias trocarão os bicos, até que "humanidade" seja "comunidade".

Conecte com tua Alma de luz e saiba o que ela tem a te falar sobre isso.

Se torne um guerreiro da luz, em busca do despertar e da iluminação.

O implacável desejo de tudo querer saber arrebata as mentes racionais.

Saiba que estar sereno é o caminho para se conectar ao todo não manifesto.

O não ar, não fogo, não água, não terra e não éter são verdades sutis.

Alguns seres precisam ser conduzidos, outros criam asas e se libertam.

Impossível não perceber que uma nova dimensão está se estabelecendo.

Sutilmente a purificação está ocorrendo em meio ao caos instaurado.

Despertos, acompanhemos o fluxo, o ritmo e o tempo de cada Ser.

Muitas luas passarão até que sejam, por mérito, unos com o Absoluto.

Morrer para o passado e o futuro, só assim vivenciará plenamente o agora.

Saiba que o Sagrado aguarda pacientemente tua chegada.

Ainda somos seres dependentes dos cinco sentidos. Se os abandonarmos, certamente a vida ganhará um novo sentido e provavelmente fará mais sentido. Se nos permitirmos continuar a ser abduzidos pelo sistema vigente, que tem como pilares o poder, o dinheiro, a beleza externa, a mentira e a falsidade, logo nos tornaremos zumbis com nossa consciência, intuição, amorosidade e espiritualidade bloqueadas.

Portanto, recomenda-se a conexão diária com a essência que habita teu Ser, por meio de meditação, pilates, yoga, *Reiki*, caminhadas, silêncio, um bom livro, um bom filme ou qualquer outra forma elevada de harmonização e cura.

Que a luz, saúde e paz estejam sempre conosco!

O mais importante

Propõe-se neste momento a reflexão sobre uma pergunta interessante de uma amiga querida:

> "Ewerton, você construiu uma bela carreira profissional, constituiu e mantém uma linda família, conquistou a independência financeira, navegou por diversas tradições fortalecendo tua espiritualidade, compôs *mantras* inspirado na conexão com o Grande Espírito, experimentou a alegria de várias conquistas e a dor de inúmeras perdas, escreveu alguns livros que nos trouxeram informações importantes, vivenciou intensamente diversas relações, morou fora do país por alguns anos... uma jornada e tanto até aqui [risos]. Então, o que você considera o mais importante em tua vida, em tua jornada?"

Segue a melhor resposta que consegui elaborar, naquele momento:

> Creio que o mais importante é priorizar o simples, o sutil, o Sagrado e a bondade: fazer o bem é ser bondoso/a e gentil consigo, respeitando-se; fazer o bem é ser bondoso/a e gentil com o outro, sem julgamento; fazer o bem é ser bondoso/a e gentil com a natureza, preservando-a; fazer o bem é ser bondoso/a e gentil com a criação, honrando-a.

Jujuba da paz
(uma história infantil para gente grande)

Max era um feliz garoto de dez anos, que morava numa casa feliz, integrava uma família feliz e tinha uma vida feliz; portanto, ainda não havia experimentado a pobreza, a dor, a fome e outras dificuldades naturalmente humanas. Era filho de um general das Forças Armadas e de uma empresária do ramo alimentício, e moravam num país desenvolvido. Vivia em um mundo perfeito, protegido e alheio aos diversos conflitos e guerras em curso no planeta.

Como sempre estudou em excelentes escolas e era levado e trazido de carro pelo motorista particular, não tinha muito contato com o povo nas ruas, e as informações que recebia eram filtradas por professores e professoras, que omitiam e escondiam as dificuldades e sofrimentos alheios.

Como toda criança, gostava de doces, particularmente de comer Jujuba,[42] um dos produtos que a empresa de sua Mãe produzia e exportava para quase todos os países. Como tinha um bom coração, ele diariamente distribuía pacotinhos de Jujuba para seus colegas da escola.

Certa vez, sua mãe teve que substituir a governanta da casa e contratou Raina, que era um pouco mais jovem que a governanta anterior. Além dos afazeres da casa, sua Mãe pensou que a jovem, escolhida com muito cuidado dentre mais de cem candidatas, poderia fazer companhia para Max e até ajudá-lo nas tarefas da escola.

Os dias se passaram e a amizade de Max e Raina foi se fortalecendo. Aos poucos Raina foi revelando detalhes sobre sua família: dificuldades de estudar, de encontrar um bom emprego, de ajudar a pagar as despesas da casa — fatos que surpreenderam Max.

Em outra ocasião, quando Max estudava geografia e Raina o ajudava, souberam das guerras que estavam ocorrendo no planeta. Max ficou assustado com o que leu, pois sua realidade era com-

---

[42] Bala de goma, criada em 1922 pelo alemão Hans Riegel, que tem gosto de infância e traz alegria quando saboreada (nota do Autor).

pletamente diferente. Muito bondoso, ele passou a noite tentando encontrar uma solução para resolver tais conflitos.

Assim pensava ele:

> *"Sei que sou só uma criança e é praticamente impossível uma criança resolver um conflito tão complicado, mas deve haver um jeito de poder ajudar. Ah, já sei... vou conversar com meu Pai, que entende tudo desse assunto, ele certamente me ajudará a encontrar uma solução"*

Na manhã seguinte, um sábado ensolarado, Max acordou bem cedo, tomou banho, se vestiu e correu para a cozinha, imaginando que seu Pai já estivesse tomando café. Alegremente o cumprimentou, o abraçou e logo após a primeira mordida no sanduíche natural falou:

> *"Papai, ontem eu estava estudando geografia e soube que alguns países estão em guerra e isso tem causado muito sofrimento para muitas pessoas. Eu gostaria que você me ajudasse a encontrar uma solução; afinal, se a gente conversar com calma e respeito, tudo pode ser resolvido, não é verdade?"*

Seu Pai, que até então sorria descontraidamente, franziu a testa e em tom um pouco mais sério, lhe explicou:

> *"Filho, eu entendo sua preocupação com as guerras e mais especificamente com as pessoas que estão morrendo e sofrendo em virtude delas. Mas podemos fazer muito pouco quanto a isso. São países autônomos, com cultura própria e que certamente não permitirão que a gente se intrometa. A solução teria que partir deles mesmos, entendeu?"*

Max então ficou quietinho, terminou seu café, pediu licença, saiu da mesa e foi até a varanda pensar sobre as palavras de seu Pai. Após alguns minutos, ainda na varanda, uma cigarra sobrevoou sua cabeça e pousou na sua frente. Ela até parece que quer conversar comigo, pensou Max. Então, com a voz igual à de sua Vovó, que já tinha virado uma estrelinha, ela disse:

> *"Olá, querido! Sei que está preocupado, pois ouvi a conversa com seu pai. Vou te fazer uma pergunta que poderá resolver o problema das guerras: o que sempre o faz voltar a ser feliz, quando está triste? A resposta é a solução que você está procurando".*

Ela sorriu, piscou para ele e voou para longe, para muito longe...

Mais uma noite de reflexões para Max. Agora pensava no que o Pai lhe disse: "a solução tem que partir dos próprios países em guerra" e no que sua Vovó lhe falou: "o que sempre me faz voltar a ser feliz". Naquela mesma noïte, ele sonhou com muitas crianças abrindo pacotinhos de Jujuba e comendo-as alegremente. No dia seguinte acordou superempolgado, pois havia encontrado a resposta.

Era domingo e sem tomar banho e trocar de roupa correu para o quarto de sua Mãe e lhe contou o sonho e detalhes sobre seu plano:

> *"Mamãe, eu preciso de muitos, mas muitos pacotinhos de Jujuba, para encerrar as guerras no planeta. Meu plano é enviar pacotinhos de Jujuba para todas as crianças dos países que estão em guerra. Depois cada uma delas levará um pacotinho para cada comandante envolvido no conflito, com a seguinte mensagem: 'A vida é doce e seu coração também'. Mamãe, você me ajuda? Diz que sim, por favor!"*

Sua Mãe, ainda meio sonolenta, senta lentamente na cama e lhe diz:

> *"Bom dia, Max! Nossa, que plano interessante, mas relativamente caro, filhão. Você tem certeza que isso pode dar certo?"*

Max, entusiasmado, respondeu:

"Mamãe, não tenho certeza, mas se não tentarmos nunca saberemos. Quanto ao dinheiro, eu posso usar minha caderneta de poupança para ajudar, o que acha?"

Ela então sorriu, o abraçou e disse que iria convocar uma reunião com a diretoria da empresa e com alguns parceiros, para estudar e viabilizar o plano. Enquanto sua Mãe se esforçava para aprovar o orçamento para a produção dos pacotinhos de "Jujuba da Paz", Max e Raina cadastravam crianças dos países em guerra, as quais receberiam e distribuiriam pacotinhos aos comandantes e soldados.

Dois meses depois os pacotinhos começaram a ser produzidos e estocados na empresa de sua Mãe. Durante a estocagem, Max e um grupo de crianças, escolhidas cuidadosamente por ele pela bondade que cultivavam em seus coraçõezinhos, abençoavam cada pacotinho e colocavam neles o desejo de que irradiassem paz e harmonia às pessoas que os recebessem. O envio começou logo em seguida, usando as listas de crianças elaboradas por Max e Raina.

Seis meses depois a distribuição foi iniciada e doze tréguas foram decretadas em todas as guerras existentes. Os comandantes se reuniram para conversar e tudo foi resolvido com calma, respeito e muitos pacotinhos de Jujuba...

O impossível pode acontecer, mas só para quem tiver um coração puro, acreditar e ousar realizar. Caso deseje conhecer outras "histórias infantis para gente grande ler", recomenda-se o livro *Criançando: aprendendo com alegria*[43] publicado pelo Autor em 2020.

---

[43] MACHADO, Ewerton Vieira. *Criançando*: aprendendo com alegria. Curitiba: CRV, 2020.

Posto que é chama

Chama é
a Centelha Divina que habita cada Ser manifestado,
o Sagrado elemento éter,
a limpeza, iluminação, purificação e transcendência,
o clamor vindo da **numinosa e singular semente**,
a Alma do fogo,
a queima da ignorância que resulta em sabedoria,
a magia em rituais iniciáticos de morte e renascimento,
a mensageira entre o mundo material e espiritual,
a pura energia recebida de Deus por meio de nosso cordão de prata,
o perdão e consequente liberdade,
a transmutação da causa, do efeito, do registro, da memória, do sentimento,
o amor incondicional e cego de egoísmo.

Reflexão sobre livre-arbítrio

Escolha na Árvore da Vida
elementos do bem (à direita)
ou elementos do mal (à esquerda)
que usará como alicerce na atual jornada.
Assuma, então,
a responsabilidade pelas consequências
para você, teus antepassados e descendentes,
inerentes às escolhas...

Figura 2 – Árvore da Vida

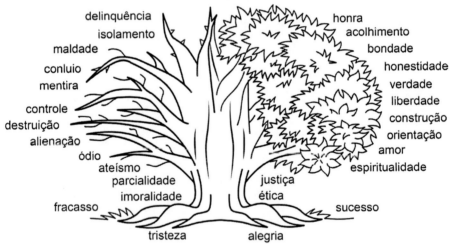

Fonte: o Autor

Reiki, caminho para a felicidade

Visando estabelecer uma base sólida de compreensão sobre o tema, apresentaremos definição e fundamentos inerentes ao *Reiki*, publicados por autores e fontes relevantes. Segundo De' Carli:[44]

> A arte de tocar o corpo com as mãos, para confortar e diminuir dores é um velho instinto humano. O toque humano gera calor, serenidade e conforto. No Tibet existem registros de técnicas de harmonização por meio das mãos há mais de oito mil anos e fatos que indicam ter Jesus praticado imposição de mãos no Egito. Esta energia, irradiada por meio das mãos, recebeu nomes específicos em diferentes tradições, e é identificada como *ki* na cultura japonesa.

Reiki é a soma da energia universal (Fonte Criadora) com a energia vital (aquela que nos move, enquanto vivos). Essa energia está em todo lugar com uma frequência abrangente e curadora. É a energia da criação, que anima todas as coisas vivas e é representado pela cor Verde (cura) e pelo elemento Bambu (retidão).

A energia *Reiki* cura, quando a pessoa tem vontade de se tratar e depois de tratar o outro, daí estar vinculada ao *Chakra* Cardíaco. Sem amor incondicional e atitude de servir, a energia *Reiki* não é efetiva. Pode ser irradiada para humanos, animais, plantas e minerais, auxiliando nos processos de cura física, relaxamento muscular, equilíbrio mental e emocional e estabelecimento de bem-estar prolongado.

---

44 DE' CARLI, 2014, p. 31.

Figura 3 – Ideograma do *Reiki*

Fonte: DE' CARLI, 2014, p. 95

É possível compreender mais profundamente o *Reiki* por meio de seus três principais aspectos.
Segundo Petter:[45]

> Como **energia** universal vital, que reside em cada ser humano e os acompanha no caminho para a simplicidade e para o esplendor da sua natureza verdadeira.

Segundo De' Carli:[46]

> Como **método** terapêutico natural, é um sistema natural de harmonização e reposição de energia que mantém ou recupera a saúde. Criado no Japão em 1919 e consolidado em 1922 por Mestre Mikao Usui é um método de redução de stress. Funciona como instrumento de transformação de energias nocivas em benéficas.

---

[45] PETTER, Frank Arjava. *Isto é Reiki*: cura para o corpo, a mente e o espírito. São Paulo: Pensamento, 2013, p. 11.
[46] DE' CARLI, Johny. *Reiki — Apostilas Oficiais*. São Paulo: Isis, 2020, p. 28.

Segundo Magalhães:[47]

> Como **caminho** sereno e harmônico, trilhado conforme sua filosofia de vida, a partir da qual pode-se iniciar um processo interno de transformação. Lembre-se: *O Reiki é a arte secreta para convidar a felicidade.*

A energia *Reiki* vibra numa altíssima frequência e o/a praticante, após iniciado/a em cada um de seus quatro níveis de aprendizado, estará se capacitando para, então, sintonizar-se como receptor/a e emissor/a da energia universal vital e usá-la para o bem. Para quem não o conhece, recomenda-se fortemente o caminho do *Reiki*.

A filosofia do *Reiki* e, por que não, da elevada vida espiritual, está fundamentada nos Cinco Princípios do *Reiki* e no conceito Kokoro.

Segundo Magalhães:[48]

> Os Princípios do *Reiki* — Só por hoje sou calmo, confio, sou grato, trabalho honestamente, sou bondoso. [...] De manhã e à noite, sente-se com as mãos juntas e repita estas palavras alto e com seu coração. [...] Este é o maior legado que o Mestre Mikao Usui deixou e é a base de nossa prática. São pontes que nos levarão à elevação da consciência.

Segundo Magalhães:[49]

> *Kokoro* — A mente e o coração estão unidos e não dissociados como no Ocidente. Esse aspecto faz toda a diferença nos conceitos de espiritualidade e vivência das sociedades orientais e ocidentais.

---

[47] MAGALHÃES, João. *O grande livro do Reiki*. Rio de Janeiro: Bambual, 2021, p. 14.

[48] MAGALHÃES, 2021, p. 86.

[49] MAGALHÃES, 2021, p. 189.

Como Mestre *Reiki*, estou capacitado desde 2020 a atender, ensinar e iniciar pessoas nesse Caminho. Desde lá realizei diversos trabalhos (sessões de irradiação da energia, limpezas de ambientes residenciais e comerciais, cursos de nível 1, 2 e 3A), mas o trabalho mais desafiante que vivenciei foi iniciar minha Mãe no *Reiki*, em 2021, quando ela tinha 87 anos:

> *O quadro clínico era complicado, tendo sido internada várias vezes em hospitais, por diferentes motivos — ela e a família estavam sofrendo muito. Então, recebi a inspiração de iniciá-la no Nível 1 do Reiki. Conversei com ela e com minhas irmãs sobre o processo e, apesar de todas se sentirem inseguras, concordaram.*
>
> *A iniciação foi realizada na casa dela, evitando-se assim riscos com deslocamento e possíveis quedas. Pedi que minhas irmãs a vestissem com roupas claras e confortáveis. Preparei o local com muito carinho e durante o processo percebi sua alegria em participar de algo tão diferente, pois é uma católica praticante e um pouco rígida em suas crenças religiosas. Executei todo o protocolo de maneira amorosa e mais rápido do que em meus cursos regulares, respeitando sua idade e paciência.*
>
> *O trabalho foi um sucesso: minha Mãe se fortaleceu, os internamentos cessaram, ela retomou a fisioterapia, engordou — pois começou a se alimentar melhor; enfim, uma guinada para melhor na saúde, na lucidez e no humor.*

Caro leitor, cara leitora, caso deseje receber mais informações sobre cursos, sessões e outros assuntos vinculados ao *Reiki*, favor entrar em contato com o Autor.

Coração verde e amarelo

Majestoso Brasil,

Venho por meio desta agradecer-lhe pela *educação* (recebida nas escolas públicas de Curitiba/PR), pelo "aprendizado" (recebido nas escolas públicas e universidades particulares), pela disciplina (aprendida dentro de minha família), pela "ordem" (aprendida nas diversas empresas onde trabalhei) e pelo "progresso" que presenciei e ajudei a construir.

Gratidão pelos quatro elementos: terra, ar, água e fogo, tão abundantes e sempre à nossa disposição, pelos animais (particularmente pelo lobo — meu animal de poder), pelos vegetais (pontualmente pelo belo e curador eucalipto), pelos minerais (principalmente pelo purificador sal da terra), pelas praias (como a linda Pajuçara, em Maceió/AL), pelas trilhas (como a desafiadora Trilha do Itupava, em Quatro Barras/PR), pelas montanhas (como a provocativa Abrolhos, no Complexo Marumbi/PR), pelas cachoeiras (como a do Rio das Pedras, em Campina Grande do Sul/PR), pelas cavernas (como as localizadas no Petar, em Iporanga/SP) e pelos rios (como o rio do Rastro, em Urubici/SC).

Gratidão pela inspiração que motivou teus filhos a criar as canções: bossa nova (Garota de Ipanema, Tom Jobim), samba (As rosas não falam, Cartola) e clássica (O trenzinho caipira, Heitor Villa-Lobos).

Gratidão, Brasil, por ter sido meu berço de nascimento, meu local de desenvolvimento e aprendizado, por ser meu porto seguro onde constituí e criei minha família, por ter me permitido construir uma sólida base financeira e bancar meus projetos e sonhos.

Perdão, Brasil, por não ter feito mais por você, por não ter contribuído mais efetivamente na melhoria dos sistemas aos quais estou interligado, por não influenciar mais familiares, amigos e amigas a seguirem sempre o caminho do bem, da justiça, da ética, da verdade, do respeito e do amor.

Que Deus continue abençoando o Brasil e a nação brasileira.

Teu filho

Lampejos e delírios de consciência

: Entendo que o "silêncio no afeto" é algo que pode acontecer a qualquer momento, durante uma relação. Indica, possivelmente, que ela foi concluída, que tudo o que deveria ser compartilhado e aprendido foi consumado. É o gatilho, para os despertos, de encerramento de uma relação importante e necessária e de início de um novo processo consciencial interno.

: Nunca fui escoteiro, mas como virginiano raiz e guerreiro da luz, estou sempre alerta...

: Minhas crenças e verdades atuais estão fundamentadas em elementos não humanos: Natureza (terra — 1º e 2º chakras), Energia (fogo — 3º chakra), Sentimentos/Emoções (água — 4º chakra), Pensamentos (ar — 5º e 6º chakras) e Espiritualidade (éter — 7º e 8º chakras). Eles suportam meu principal propósito de vida, ou seja, inserir dignidade em meu gene. O resto é ilusão, distração e fumaça.

: Enquanto medito pela manhã em meu lar, com incenso Nag Champa e *mantras* de Deva Premal, a galera do apartamento alugado de baixo discute ferozmente, fuma cigarro e dança ao som de um funk da moda. Cada qual vibrando o que lhe cabe.

: Creio que o mais importante em uma relação não está em saber se você ama teu/tua companheiro/a; saber o quanto você o/a ama; saber se ele/a também te ama, ou ainda saber qual a intensidade desse amor. Acredito que o mais importante é perceber se você está feliz na relação; perceber se essa relação te motiva e agrega valor à tua jornada. Dependendo do resultado dessa reflexão, uma atitude corajosa de rompimento desse ciclo se fará necessária. Honestidade e Respeito para com você e para com o/a outro/a, acima de tudo.

: Depois de certa idade, o gozo apenas se concretiza diariamente durante o sexo oral com a escova de dentes e o sessenta e nove com o travesseiro amigo.

: Antes "sol" do que "mal-assombrado".

: Meu coração sutil é Fogo, minha Divina essência é Luz, meu corpo físico é Santuário e Eu Sou singular, eterno e Sagrado.

: Se a atitude é para o Bem, o amor de volta vem. Se a atitude é para o mal, a punição será fatal.

: E assim vai vivendo o Ser desperto, dia após dia, tentando fazer sua Alma pegar no tranco. E os Seres adormecidos? Bem, esses nem sabem que possuem uma.

: Minha Alma se alegra quando embriagado de paixão estou. A abstinência, porém, me entristece e mergulho em silêncio e dor.

: De quais sentimentos é composta nossa essência existencial? Possivelmente da dualidade Luz (amor, paz, compaixão, respeito, generosidade, honestidade e fraternidade) e Sombra (ódio, raiva, rancor, tristeza, crueldade, insensibilidade e egoísmo).

: Apenas depois de desenvolvermos conscientemente o Autorrespeito, o Autoperdão, o Autocuidado, o Autoconhecimento e a Autocura, estaremos aptos à conexão plena com a potência máxima que nos criou.

: A mente é constituída por um hardware denominado cérebro e um software denominado consciência. O hardware possui um específico grau de tecnologia instalada (corpo físico) e o software possui também um grau particular de maturidade (consciência).

: Penso que todos os dias da semana deveriam ser chamados de "Sexta-Feira Santa", pois continuamos escolhendo Barrabás, o ladrão, e matando Cristo, diariamente.

: Por "livre e espontânea vontade" compartilhamos com alguém o sentimento de amor existente dentro de nós. Frequentemente verificamos se esse compartilhar ainda gera felicidade espontaneamente, pois algo pode mudar em nós ou na outra pessoa, ao longo da jornada. Caso a felicidade não se faça mais presente, recomenda-se refletir sobre o tema.

: Por incrível que possa parecer, algumas pessoas acreditam cegamente que o corpo físico lhe pertence e que podem fazer o que quiserem com ele. O corpo físico é um Divino presente, um santuário, e existe para proteger o que temos de Sagrado em nós, nossa Alma.

: A mente é tão densa quando estamos no caos, no fundo do poço, na crise, no desespero e na dor que é possível usá-la como "apoio concreto" para alçar voo e criar uma outra realidade. Para isso, porém, necessitamos crer no poder de nossas asas.

: A primeira encarnação de alguns "seres humanos", pós-gafanhoto, possui muitas das características do estágio anterior, ou seja: um Ser egoísta, que se multiplica descontroladamente, que cria o caos por onde passa, que incentiva a desordem, que não cultiva valores e princípios fraternos, que ainda não aprendeu a dialogar e negociar, que está sempre disposto a combater e conquistar objetivos independentemente das consequências — qualquer semelhança rubra é mera coincidência.

: Ao longo do tempo constata-se que o "sistema instalado" foi e ainda é corrupto e doentio, vide filme superatual, apesar de lançado em 1972, *Laranja mecânica* de Stanley Kubrick. Como ainda uma boa parte da humanidade está desprovida de virtudes, verdade e sabedoria, vou cuidar mais de mim e da minha família.

: Os três lados de uma moeda: o primeiro é cara e pode representar o espírito, a luz, a bondade, a consciência, a verdade, a eternidade; o segundo é coroa e pode representar a matéria, sombra, ego, apego, ilusão, a limitação; o terceiro lado, talvez o mais importante deles, é o de dentro, aquele que integra espírito à matéria, que representa a Divina essência. Sejamos, portanto, moedas conscientes de nosso valor...

: Antagonismos pertinentes: a insanidade saudável, a verdade ilusória; a obscura lucidez, a singular dualidade; a certeza contraditória, a abundância no vazio.

: Sabe aquela voz interior que ouvimos de vez em quando e nos acompanha há muito tempo? Aquela voz que as pessoas chamam de consciência, sabe qual? Na verdade, não é a mente, e sim nosso coração sutil (Alma), que está conversando com a gente.

: Pasmem, está nascendo no planeta Terra, por consciente decisão individual de extração, uma geração de mulheres sem sobrancelhas! O risco é de que a natureza entenda que elas, as sobrancelhas, não são mais necessárias para as mulheres e que futuros bebês-mulheres nasçam desprovidos delas. As consequências da falta de proteção dos olhos das mulheres só o tempo mostrará.

: A personalidade é a máscara que criamos e usamos durante a jornada para nos adaptar ao sistema vigente. Recomenda-se tomar cuidado com a escolha de componentes, ou seja, os valores, princípios e verdades. Tais componentes poderão manter, ou não, a individualidade, a singularidade e a liberdade.

: "Não" é o melhor amigo do "Sim". Tudo que é verbalizado ou escrito depois do não é o que o cérebro entende e fará acontecer. Por exemplo, na frase "não quero mais te amar", o cérebro entenderá apenas "quero mais te amar", pois a palavra "não" no início da frase será ignorada por ele, transformando uma negação em uma afirmação. Portanto, cuidado ao falar e escrever...

: Depois de várias relações com poderosas e maravilhosas mulheres, percebi aos 64 anos que minha sempre presente namorada foi e continua sendo a Vida — me acolhendo, me ensinando, me fortalecendo e mostrando novos e transformadores caminhos.

: Compreendi recentemente que possuo informações genéticas de três fontes: paterna, materna e espiritual e que para ativar todo o potencial de meu singular DNA é necessário seguir a chave que está inserida em sua denominação, ou seja, "Desenvolver-se No Amor".

: Estamos nesta dimensão limitados pelos cinco sentidos. A ampliação de nossa consciência poderá ser realizada, por meio das qualidades elevadas de nosso Espírito, ou seja, de nossa capacidade de intuir (conexão direta com a criadora Fonte), de amar (conexão com o incondicional Amor), de meditar (conexão com a Divina essência) e de sonhar (conexão com elevadas Dimensões).

CAPÍTULO 3

Libertação

Processo vinculado ao elemento fogo, ao terceiro chakra (plexo solar), à luz, calor, cor, visão, à transformação, digestão e à purificação, desapego.

Os textos contêm dinâmicas que incentivam movimento e que, se praticadas frequentemente, resultarão em relaxamento, equilíbrio, felicidade e cura.

reflexão proposta
O cuidado permanente do corpo físico, etérico, mental, emocional e espiritual é extremamente importante. Alguns dias serão "na boa", outros serão "na marra", mas persista, pois o resultado será o que você desejar.

Canção de poder

Um dia, a carência me agarrou tão forte, que precisei me pegar no colo e sussurrar em meus ouvidos uma canção Zen. Assim, aos poucos, a paz foi retornando à minha mente, coração sutil e Alma. Compartilho parte da experiência agora; porém, antes de iniciá-la, recomendo que feche os olhos externos, respire profundamente, traga tua presença até este Sagrado momento, que é só teu. Delicadamente, então, pegue-se no colo e sussurre em teus ouvidos internos a seguinte canção:

OM[50]
Grande Mistério, acalma minha mente,
meu coração sutil e minha Alma, pois:
quanto menos eu me importo,
muito mais feliz eu fico;
quanto menos eu me importo,
muito mais a paz eu sinto;
quanto menos eu me importo,
mais o Grande Espírito atua;
quanto menos eu me importo,
mais bênçãos eu recebo;
quanto menos eu me importo,
mais calma há em minha Alma;
quanto menos eu me importo,
mais silêncio em minha mente;
quanto menos eu me importo,
mais uno com minha presença estou;
quanto menos eu me importo,
mais feliz pela existência Eu Sou.

---

[50] LEAL, Otávio. *O livro de ouro dos mantras*: um mestre de mantra e tantra ensina centenas de sons de poder. São Paulo: Ícone, 2008, p. 28: "A força procriadora do cosmo, o som primordial do universo".

Mantenha-se com os olhos fechados por alguns minutos. Permita que a energia das palavras atue e restabeleça a paz e a harmonia em tua mente, coração sutil e Alma.

Humildemente, agradeça ao Grande Espírito pela energia do bem recebida e visualize essa energia se expandindo de tua **numinosa e singular semente** para todo o Universo. Lentamente vá retornando à nossa dimensão e à tua realidade; porém, agora mais feliz, saudável e confiante.

Namastê![51]

---

[51] Saudação tradicional indiana de respeito, que se traduz como: eu me curvo a você. Fonte: chopra.com.

Gratidão é em mim

Um pequeno e poderoso *mantra*, que facilitará sua conexão com a Centelha Divina que habita teu Ser:

O Sagrado é em mim.
O Sagrado é em mim.
Gratidão sem fim.

O Amor é em mim.
O Amor é em mim.
Gratidão sem fim.

A Verdade é em mim.
A Verdade é em mim.
Gratidão sem fim.

A Cura é em mim.
A Cura é em mim.
Gratidão sem fim.

O Outro é em mim.
O Outro é em mim.
Gratidão sem fim.

Gratidão é em mim.
Gratidão é em mim.
Perfeição sem fim.

Namastê!

Criando uma nova realidade
(meditação guiada)

Respire profundamente...

e conecte-se com tua presença, com o aqui e agora, com tua existência, com tua singularidade, com tua divindade, com teu coração sutil, com tua Centelha Divina, com teu fogo espiritual, com tua energia vital, com tua aura, com tua Alma, com tua acolhedora paz interior.

Respire profundamente...

e conecte-se com a magia da tua respiração, com o processo de captação de oxigênio e energia e distribuição desse oxigênio e dessa energia para todas as células, por meio de veias, artérias e demais canais sutis.

Respire profundamente...

e visualize teu corpo físico saudável, curado e protegido; visualize todos os teus corpos sutis harmonizados, curados e protegidos; visualize brotando de tua Alma a bondade, a compaixão, a fraternidade e a amorosidade.

Respire profundamente...

e agradeça ao Grande Espírito, ao Grande Mistério, ao Grande Vazio[52] pela bênção da vida, pelo corpo perfeito, pela saúde, pela família, pelos amigos e amigas, pelo aprendizado, pela jornada, pelo nível de consciência e pelos bens materiais, que não são teus, mas estão à tua disposição nesta jornada.

---

[52] SAMS, 2003, p. 219: "Grande Vazio é o centro do universo, o ponto zero, o ponto de equilíbrio, de repouso, a divina neutralidade".

Respire profundamente...

e encerre a prática, verbalizando: que todos os seres sejam felizes; que todos os seres permaneçam em paz; que todos os seres recebam o amor nas mentes e corações; que todos os seres respeitem a si e aos demais seres manifestados; que assim seja e assim é minha nova realidade.

Conectado à Alma

Em 2019 morava em Boca Raton, Flórida e durante uma aula de inglês o professor pediu para escrevermos as etapas de um processo qualquer. Algo sobre o qual tivemos pleno domínio. O desafio era escrever um texto em inglês, tão bem detalhado, que esclarecesse antecipadamente qualquer dúvida do leitor a respeito do assunto.

Pensei em diversas possibilidades e decidi descrever um processo de meditação, cujo objetivo fosse a conexão do Ser com sua Alma (a energia vital que habita nosso corpo físico enquanto encarnados e que está conectada ao nosso Divino espírito, que é essencialmente eterno).

Com muita alegria compartilho o processo idealizado na época e traduzido para o idioma português:

Sente-se confortavelmente. Descruze braços e pernas. Procure a posição mais confortável e mantenha-se imóvel por alguns segundos.

Inspire e expire profundamente. Feche os olhos e mantenha a respiração natural. Traga toda a atenção para o momento presente. Esteja inteiro, aqui e agora, durante a experiência.

Visualize e passeie calmamente por todo o teu corpo, relaxando cada parte dele enquanto o percorre. Elimine toda a tensão armazenada nos pés, nas pernas, nos braços, na virilha, no abdômen, no tórax, nas costas, na garganta e finalmente na cabeça. Sinta a paz preenchendo todo o teu corpo físico, a partir de cada respiração.

Relaxe... você está em segurança!

Visualize em tua tela mental um pequeno ponto brilhante de luz. Caminhe lentamente até ele. Vamos, sem receio, chegue mais perto. Visualize-o agora bem próximo de você e do tamanho do teu corpo físico. Mova as mãos e toque nele. Permita, então, que teu corpo seja totalmente envolvido por tua luz. Imagine-se vestido de luz. Sinta no coração sutil a paz que ela transmite.

Na verdade, você está agora conectado com a tua Alma. Permaneça em contato por alguns minutos, converse com ela mentalmente, pergunte algo importante, peça a cura para algum problema, identifique quais são teus sentimentos, deixe a emoção rolar... chore se desejar...

Lembre-se, tua Alma é o caminho para o amor, para a felicidade, para a verdade, para o Grande Espírito. E você tem agora a chave para conectá-la quando quiser.

Agradeça ao Universo pela experiência e aos poucos vá retornando à nossa dimensão. Reconecte-se calmamente com a respiração: inspire e expire naturalmente. Inicie pequenos movimentos com os dedos dos pés e das mãos. Movimente lentamente braços, pernas e pescoço. E no teu tempo, quando desejar, abra os olhos.

Sente-se, lentamente coloque as mãos postas em oração na altura do coração. Sinta toda a felicidade que a conexão com tua Alma te proporcionou.

Você agora é uma nova pessoa. Aquela que resgatou a capacidade de se doar plenamente e de amar incondicionalmente.

Namastê!

Escudos energéticos
(prática poderosa)

Inicialmente enfatizo que a "energia do bem" é infinita, inesgotável e possível de ser compartilhada com todos os seres manifestados. Se faz hoje, mais do que nunca, necessário e urgente o compartilhamento dessa energia com todos os seres humanos, muitos estão cegos, adormecidos e ainda não compreenderam que a vida só faz sentido quando nos doamos e respeitamos a nós e aos outros.

Entendo ainda que se estivermos conectados ao Sagrado, ou seja, conectados a Deus e vibrando a energia da luz, energias densas naturalmente se afastarão de nós, conforme a Divina ordem de sintonia e similaridade.

O uso dos escudos energéticos de proteção é necessário até que todos os seres humanos estejam conscientemente focados no coração sutil e vibrando amor, respeito, compaixão, honestidade, gratidão e verdade.

Portanto, visando proteger-se de todo tipo de vampirização, recomendo a criação de escudos energéticos de proteção:

Preparação
Respire profunda e lentamente por três vezes, centrado em teu coração sutil (chakra cardíaco).

Permissão
Humildemente solicite permissão ao Grande Mistério e ao Grande Espírito, para criação de teu escudo energético de proteção. Respeitosamente invoque o apoio do Mestre Saint Germain (chama violeta), do Mestre Hilarion (chama verde), do teu Anjo da Guarda (chama branca).

1º Escudo

Mentalmente visualize teu corpo em pé e em torno dele crie um círculo violeta de energia a partir da cabeça até o pé direito, depois pé esquerdo e retorne à sua cabeça. Atribua a esse círculo o poder de proteção, da tua proteção, e agradeça pela criação.

2º Escudo

Mentalmente visualize teu corpo em pé e, sobre o círculo violeta já criado, crie um círculo verde de energia a partir da cabeça até o pé direito, depois pé esquerdo e retorne até a cabeça. Atribua a esse círculo o poder de proteção, da tua proteção, e agradeça pela criação.

3º Escudo

Mentalmente visualize teu corpo em pé e, sobre o círculo violeta e o círculo verde já criados, crie um círculo branco de energia a partir da cabeça até o pé direito, depois pé esquerdo e retorne até a cabeça. Atribua a esse círculo o poder de proteção, da tua proteção, e agradeça pela criação.

Finalização

Solicite ao teu Eu Superior que o alerte quando os escudos de energia começarem a perder o poder de proteção. O fortalecimento destes é possível, refazendo esta prática quando tua intuição orientar.

Namastê!

Chama de luz violeta
(usada para eliminação de vírus)

Sentados em posição de lótus (pernas cruzadas, coluna ereta, mãos postas uma sobre a outra, mão esquerda em cima da direita, dedões conectados, olhos fechados), iniciemos o processo de cura:

Respire profundamente...
Relaxe os componentes de teu corpo físico, etérico e mental.
Relaxe os componentes de teu corpo emocional, astral e espiritual.
Relaxe-se total e plenamente.

Verbalize conscientemente...
Centelha Divina, queima todo o mal instalado em mim.
Centelha Divina, queima todo o mal instalado em mim.
Centelha Divina, queima todo o mal instalado em mim.

Energia Crística é cura em mim agora.
Energia Crística é cura em mim agora.
Energia Crística é cura em mim agora.

Chama de luz violeta, limpa a lacuna deixada.
Chama de luz violeta, limpa a lacuna deixada.
Chama de luz violeta, limpa a lacuna deixada.

Poder Eu Sou, sela meus corpos contra todo mal.
Poder Eu Sou, sela meus corpos contra todo mal.
Poder Eu Sou, sela meus corpos contra todo mal.

Agradeça humildemente...
Agora curado/a, limpo/a e protegido/a,
agradeço a vida, a saúde e a bênção
criadas e mantidas pelo Grande Mistério.

Encerre alegremente...
Lentamente retorne à nossa dimensão, à nossa realidade.
Mexa delicadamente os dedos das mãos,
depois dos pés e finalmente o corpo todo.

Permaneçamos mais alguns segundos em silêncio...
Cada qual no seu tempo e no seu momento, abra os olhos.
Com as palmas das mãos postas em frente ao peito,
encerre verbalizando: Namastê!

Ser íntegro e pleno

(elementos construtores fundamentais de um Ser numinoso)

Figura 4 – Elementos Fundamentais

Fonte: o Autor

Gratidão
(cura instantânea)

Para se obter cura e proteção instantâneas, creia e verbalize, no mínimo três vezes, este poderoso rezo:

Gratidão, Gratidão, Gratidão
pela cura e proteção.

Gratidão, Gratidão, Gratidão
pela cura e proteção.

Gratidão, Gratidão, Gratidão
pela cura e proteção.

Namastê!

Um despertar consciente
(fluxo de energia amorosa)

Visando ativar adequadamente e respeitosamente os corpos etérico, físico, mental, emocional e espiritual, propomos a seguinte prática ao acordar:

Abra os olhos.
Ative conscientemente tua visão para que veja externamente apenas a verdade e, internamente, o Sagrado que habita em você.

Respire profundamente.
Ative conscientemente tua presença e a vida que habita teu Ser. Contemple o ar energizando cada estrutura, cada célula, cada átomo de teu corpo físico.

Alongue-se.
Ative conscientemente teu corpo físico. Seja gentil com ele, movendo-se prazerosamente e massageando-o delicadamente.

Verbalize o amor.
Ative conscientemente tua amorosidade, dizendo: Bem-vindo, dia. Bom dia, vida. Bom dia, [teu nome]. Eu me amo e vou cuidar muito bem de mim, hoje. Vivenciaremos um dia maravilhoso e repleto de aprendizados.

Ouça o Universo.
Ative conscientemente teus ouvidos a partir do som de uma música apropriada, de um mantra, de uma tigela tibetana. Se tens o privilégio de residir na natureza, então ouça a voz dos animais, dos pássaros e dos insetos, do vento, da água, do raio, do trovão, da vida...

Acenda um incenso ou óleo aromático.

Ative conscientemente tua espiritualidade a partir do teu olfato. Reforce com essa atitude a conexão com o Sagrado, que tudo criou e tudo mantém amorosamente.

Medite por alguns minutos.

Ative conscientemente teus sete chakras (centros de energia) principais (1º Básico, 2º Umbilical, 3º Plexo Solar, 4º Cardíaco, 5º Laríngeo, 6º Frontal, 7º Coronário), tocando levemente cada um deles, por alguns segundos, com os dedos da mão esquerda, e respirando suavemente.

Agradeça pela existência.

Ative conscientemente a gratidão por existir como imagem e semelhança do Grande Mistério. De olhos fechados conecte-se com teu chakra cardíaco e visualize um fluxo de energia expandindo desse ponto para todas as partes do teu corpo e depois para todo o Universo...

Namastê!

Conectado estou

Este rezo enaltece a importância de permanecermos conectados ao Sagrado constantemente:

Conectado estou
ao Grande Espírito.
Conectado estou
ao Grande Mistério.
Conectado estou
ao Grande Vazio.
Conectado Eu Sou.
Conectado Eu Sou.

Conectado estou
ao Eu Superior.
Conectado estou
ao Sol Central.
Conectado estou
ao Fogo Sagrado.
Conectado Eu Sou.
Conectado Eu Sou.

Namastê!

Luz do bem
(meditação completa)

Sentados em posição de lótus (olhos fechados, coluna ereta, pernas cruzadas e mãos postas uma sobre a outra), iniciemos a prática:

Respirando profundamente...
Conecte-se conscientemente com o processo respiratório.
Relaxe todos os músculos dos pés e pernas, enquanto respira.
Relaxe os músculos internos e externos do abdômen e da barriga.
Relaxe os órgãos internos e externos, tórax e pulmões.
Relaxe os ombros, pescoço e garganta.
Relaxe a cabeça, a mente, o cérebro, o couro cabeludo.
Relaxe a pele, pelos, ossos, articulações, cartilagens, tendões e ligamentos.
Perceba-se totalmente relaxado/a.

Retornamos à respiração profunda...
Conecte-se agora com o Eu Sou que habita teu Ser.
Para facilitar a conexão, mentalize teu coração físico,
ao redor dele teu coração sutil, composto de energia etérica,
*e dentro dele o Eu Sou, a **numinosa e singular semente** que habita teu Ser.*
A partir do Eu Sou, conecte-se com o Grande Espírito.
A partir do Grande Espírito, conecte-se com o Grande Mistério,
Deus Pai, fonte da pura e plena energia.

Respirando profundamente...
Conecte-se com a energia que transborda do Grande Mistério,
passa pelo Grande Espírito e chega até você
por meio do chakra coronário, localizado no alto da cabeça.
Permita que ela flua para dentro de teus corpos:
espiritual, etérico, mental, emocional e físico.
Tal energia contém bondade, amor, harmonia e cura,
e está permanentemente à disposição.
Aceite-a com humildade e respeito.
Retornamos à respiração profunda...
Visualize a energia inundando teu corpo, a partir da cabeça,
visitando tua testa, nariz, boca, garganta,
visitando teus ombros, braços, mãos, tórax,
promovendo a cura de todos os males,
visitando tua barriga, parte interna e externa do corpo,
visitando tua cintura, tuas pernas, teus joelhos, teus pés,
trazendo tudo à sua Divina perfeição primordial,
todas as células e átomos que compõem os teus corpos.

Respirando profundamente...
Visualize a energia harmonizando tua existência,
reconfortando teu coração sutil, tua mente e tua Alma.
Observe-se envolvido/a por uma grande luz.
A luz de Deus, a luz do bem, a luz do amor.
Deleite-se com essa luz.
Contemple a luz da paz, de acolhimento.
Internalize a luz da transmutação do mal em bem,
de sombra em consciência.

Retornamos à respiração profunda...
Desperte da materialidade e da ilusão
para a realidade de que Eu Sou um Divino Ser
e estou conectado com a Fonte Criadora, com o Sagrado.
Somos indivíduos e ao mesmo tempo somos Deus
expandido, onipresente e onisciente.
Sinta este momento, experiencie este momento.
Vivencie este momento, saboreie este momento.

Agora, revigorado/a, revitalizado/a, reenergizado/a,
harmonizado/a, curado/a, feliz e em paz,
conectemos a energia da gratidão.
Gratidão ao Grande Mistério,
por tudo ter criado, por estar nos mantendo e nutrindo,
pela orientação que recebemos,
pela cura, pela bênção, pela jornada e pela existência.
Gratidão emanando do coração sutil, da mente
aos quatro elementos pela limpeza externa
e aos Seres de Luz, que nos apoiaram na limpeza interna.
Gratidão, gratidão, gratidão.

Lentamente,
vamos retornando à nossa dimensão, à nossa realidade.
Mexendo delicadamente os dedos das mãos, os dedos dos pés,
sentindo novamente o nosso corpo físico.
Ainda com os olhos fechados, toque-se, acaricie-se, agradeça ao
teu corpo,
agradeça à vida e se espreguice criançadamente.
Cada um então, no seu tempo, no seu momento, abra devagar os olhos.
Permaneçamos mais alguns instantes em silêncio...

Namastê!

Alerta cósmico

Na madrugada de 23/11/22, acordei repentinamente e, cambaleando no breu daquela noite fria curitibana, fui em busca de algo para beber e me aquecer. No retorno ao quarto, percebi que o sono havia se dispersado. Alerta e consciente, pensava o que faria: tentar dormir, trabalhar em meu novo livro, observar a madrugada da cidade de Curitiba ou nenhuma das anteriores...

Decidi abrir a janela do quarto e contemplar o céu, o silêncio, a calma, o cantar de alguns pássaros e latidos noturnos. Fiquei ali por alguns instantes, apenas respirando, observando, sendo absorvido pelo momento. Fechei os olhos externos e a energia da madrugada fez com que um estado alterado de consciência se estabelecesse. Aos poucos imagens, sons e mensagens foram chegando até mim e, com elas, um pedido singelo e importante de compartilhar o que estava recebendo do Cosmo:

1ª mensagem

O cenário era de caos, de guerra, onde gritos e sons de metralhadoras eram intermitentes e se esconder era vital aos poucos humanos sobreviventes. Eu desempenhava o papel de engenheiro de informática e tentava consertar uma nave do "Grupo de Humanos do Bem" que lutava contra a agressão e dominação do "Grupo Cibernético do Mal".

*Em meio a esse cenário, um dos engenheiros, que trabalhava numa das naves, me repassou um "código", esclarecendo que este alteraria o gene humano, liberando novas habilidades e fortalecendo-o contra novos vírus desenvolvidos pelo GCM. O código é **TG-21 Evolution** e ele deverá ser contemplado e mentalizado durante todo tipo de terapia que trabalha com energia sutil, tais como: Meditação, Reiki, Johrei, Passe, Barra de Access, Radiestesia, Florais, ThetaHealing, Tameana e outras.*

Na madrugada de 4/4/24, acordei e senti que a calma e a paz habitavam em mim. Surpreso e até um pouco assustado, respirei profundamente e, sem abrir os olhos, acolhi meu corpo físico por meio de um longo autoabraço. Em seguida, imagens e sons se fizeram novamente presentes:

2ª mensagem

O cenário era de conflito, confusão e medo. No local, um outro tipo de laboratório, eram desenvolvidas novas tecnologias de comunicação e proteção de voz e dados. Vários cientistas e eu trabalhávamos na criação de uma ferramenta de proteção e sigilo de dados pessoais. Sabíamos que nosso trabalho não era apoiado pelo regime dominante — GRM (Grupo Revolucionário do Mal) — e certamente nos prenderiam se descobrissem nosso propósito.

*Em meio à declaração de estado de alerta no laboratório, um dos cientistas me repassou o **Código 808400**, o qual deve ser armazenado digitalmente em qualquer lugar do telefone celular, protegendo-o de invasões, ataques e contaminações digitais maléficas.*

Na manhã de 12/5/24, acordei recitando o *mantra Om Mani Padme Om*, buscava revitalizar meu corpo físico e demais corpos sutis, após um sonho intenso e conturbado. Permaneci com os olhos fechado por mais um instante, e não demorou para o recebimento de uma nova mensagem:

3ª mensagem

O cenário era de paz, harmonia e silêncio. Estava caminhando por uma estrada de terra à margem de um rio límpido, quando desviava de pedras e troncos caídos. Percebi que ali não havia mais ninguém além de mim. O verde da mata em contraste com o azul do céu enchia meus olhos de alegria. Foi quando recebi a seguinte mensagem:

O Caminho da Fé que vivenciará (Águas da Prata, Aparecida do Norte) é na verdade um caminho para dentro de ti. Quem descreveu com perfeição e ensinou a trilhar esse caminho interno com amor e compaixão foi Maria Madalena. Recomendo, portanto, *que durante a caminhada leve-a contigo "em pensamento", "em sentimento" e "**em lírio**". Estarás, dessa forma, conectando à mais sutil e singela energia Crística e protegido de todo o mal manifestado.*

Quem já estiver pronto/a, ou seja, com o coração sutil ativado e a mente racional silenciada, compreenderá profundamente cada uma das mensagens. Quem não estiver, mantenha-se tranquilo/a, pois esse momento chegará em breve.

Centelha Divina (releitura)
(esvaziando a mochila)

A campainha toca insistente e continuamente, fazendo com que eu retorne subitamente ao planeta Terra. Após abrir a porta do apartamento, minha namorada entra rapidamente, senta no sofá e grita, irritada:

— *Não suporto mais carregar o mundo todo nas costas! Preciso de ajuda agora. O que podes fazer para me ajudar?*

Com muito respeito pelo estado emocional dela, respondi com ternura: "Agora, apenas se acalme...". Fechei as cortinas, acendi o incenso musgo do carvalho, coloquei para tocar o álbum *Out of silence* de Yanni e sussurrei: "Venha até aqui, vamos relaxar":

Descruze braços e pernas, retire os sapatos e descanse os pés sobre o tapete. Não precisa tirar as meias, pois esfriar os pés poderá tirar a atenção. Continue sentada, mas procure a posição mais confortável.

Inspire e expire profundamente. Mais uma vez: inspire e expire profundamente. Feche os olhos e mantenha a partir de agora a respiração natural. Traga a atenção para o momento presente. Localize-se, por meio dos sons à tua volta, da temperatura atual, do cheiro no ar, da tua respiração. Por alguns instantes, passeie pelo teu corpo...

Concentre-se nos dedos do pé direito e relaxe-os. Com calma, relaxe todo o pé direito. Leve a atenção para os dedos do pé esquerdo e relaxe-os. Relaxe todo o pé esquerdo. Sem pressa, relaxe toda a perna esquerda e agora toda a perna direita. Apague toda a tensão armazenada nelas, até não as sentir mais.

PORTO DE LUZ: ANCORANDO-SE NA NUMINOSA E SINGULAR SEMENTE

Inspire e expire profundamente. Leve tua atenção e relaxe as partes internas e externas do quadril, do abdômen, do tórax e do pescoço. Apague toda a tensão armazenada neles, até não os sentires mais.

Concentre-se nos dedos da mão direita e relaxe-os. Com calma, relaxe toda a mão direita. Leve a atenção para os dedos da mão esquerda e relaxe-os. Relaxe toda a mão esquerda. Sem pressa, relaxe todo o braço direito e agora todo o braço esquerdo. Apague toda a tensão armazenada, até não os sentires mais.

Inspire e expire profundamente. Leve a atenção para a cabeça. Relaxe a face direita, a face esquerda, o queixo, a orelha direita, a orelha esquerda, a testa, o couro cabeludo e os cabelos. Apague toda a tensão armazenada, até não a sentir mais.

Relaxe, você está em segurança. Sinta a paz preenchendo todo o teu Ser...

Agora imagine-se dentro de um elevador silencioso e revestido de paredes totalmente transparentes. Dentro dele, apenas um painel indicando o número dos andares de 1 a 9. Neste momento, o número 1, na cor vermelha (1º chakra), está aceso, indicando que está no primeiro andar. Lá fora estão visíveis "todos" os motivos que te trouxeram até aqui. Consegue visualizar todos eles? São muitos, não? Iniciemos calmamente a descida...

Silenciosamente o elevador desce um andar. O painel mostra o número 2, na cor laranja (2º chakra). Lá fora, alguns dos motivos que te trouxeram até aqui já não estão mais visíveis, pois são de responsabilidade da empresa onde trabalha, e assim permanecerão.

Lentamente o elevador desce outro andar. O painel mostra o número 3, na cor amarela (3º chakra). Lá fora, alguns dos motivos que te trouxeram até aqui já não estão mais visíveis, pois são de responsabilidade da tua equipe de trabalho, e assim permanecerão.

Mansamente o elevador desce um andar. O painel mostra o número 4, na cor verde (4º chakra). Lá fora, alguns dos motivos que te trouxeram até aqui já não estão mais visíveis, pois são de responsabilidade de teu pai ou mãe, e assim permanecerão.

Delicadamente o elevador desce outro andar. O painel mostra o número 5, na cor azul-clara (5º chakra). Lá fora, alguns dos motivos que te trouxeram até aqui já não estão mais visíveis, pois são de responsabilidade de teus irmãos e irmãs, e assim permanecerão.

Serenamente o elevador desce um andar. O painel mostra o número 6, na cor azul-índigo (6º chakra). Lá fora, alguns dos motivos que te trouxeram até aqui já não estão mais visíveis, pois são de responsabilidade de teus amigos e amigas, e assim permanecerão.

Sutilmente o elevador desce outro andar. O painel mostra o número 7, na cor violeta (7º chakra). Lá fora, alguns dos motivos que te trouxeram até aqui já não estão mais visíveis, pois são de responsabilidade de tua filha ou filho, e assim permanecerão.

Pacificamente o elevador desce um andar. O painel mostra o número 8, na cor branca (8º chakra). Lá fora, alguns dos motivos que te trouxeram até aqui já não estão mais visíveis, pois são de responsabilidade do Grande Espírito, e assim permanecerão.

Respeitosamente o elevador desce o último andar. O painel mostra o número 9, na cor verde-azulada (9º chakra). Lá fora estão visíveis os "reais" motivos que te trouxeram até aqui. Estes são efetivamente de tua responsabilidade e devem ser tratados urgentemente. Poucos, comparados aos do primeiro andar, não acha?

A porta se abre suavemente e um Ser de Luz estende a mão, te ajudando a descer os três degraus de uma escada de mármore branco. É uma ensolarada manhã de primavera. No céu azul-celeste, nuvens brancas bailam impulsionadas por leve brisa.

Imensos campos verdes se perdem no horizonte. Flores diversas são beijadas delicadamente por colibris e borboletas. Paira no ar um sentimento de harmonia e felicidade. Contemple o som do rio, correndo preguiçoso, do teu lado direito.

O Ser de Luz, teu Mestre Interior, te conduz por um caminho de pedras e cristais, até um Sagrado espaço, tua Centelha Divina. Amorosamente esclarece que, por meio dele, terá acesso a toda a sabedoria disponível no Universo e ao próprio Criador.

A qualquer momento, poderá contar com Ele para tratar de questões que julgue importantes. Para que venha, basta retornar mentalmente a este Espaço e clamar por Ele. O Espaço é exclusivamente teu e poderá visitá-lo sempre que desejar. O acesso a ele, porém, é única e exclusivamente pelo elevador (processo) que te trouxe.

Antes de retornar, você recebe do Mestre um presente em formato de texto, que contém a seguinte mensagem:

"Nunca seja alguém por intimidação e nunca faça algo por obrigação. Seja o que lhe trouxer alegria e faça o que lhe trouxer felicidade, desde que não agrida ou prejudique outros seres manifestados. Respeite-se e respeite a necessidade alheia de aprendizado. Ninguém possui o direito de privá-los das próprias experiências, sejam elas doces ou amargas. Repasse sempre harmonia por meio de ações, atitudes, palavras e decisões. Viva sem culpa, assuma a responsabilidade apenas pelo teu crescimento e tua evolução espiritual."

Enquanto te conduzem até a porta do elevador, você agradece pelo processo de meditação vivenciado, pelo caminho até sua Centelha Divina e por conhecer o teu Mestre Interior. Todas as ferramentas estão agora em tuas mãos, porém o trabalho está apenas começando.

Já no elevador, teu Mestre se despede, com um olhar pleno de paz e felicidade. A porta fecha suavemente e o retorno é iniciado: andar 9, depois 8, depois 7, depois 6, depois 5, depois 4, depois 3, depois 2 e finalmente 1. A porta se abre lentamente e a confusão que ali havia desapareceu. O fardo está mais leve, a mente mais calma, a solução mais clara e o coração sutil pronto para o trabalho...

Reconecte-se com tua respiração. Traga tua atenção para as extremidades do corpo e inicie pequenos movimentos com os dedos dos pés e das mãos. Movimente agora lentamente braços, pescoço e pernas. Quando eu contar três, você abrirá os olhos completamente saudável e feliz: três, dois, um...

Aguardo alguns minutos até que retorne completamente... Ela então se levanta do sofá, me abraça forte e demoradamente, agradece pela experiência, me beija e sai do apartamento, tão rápido quanto entrou.

Abraço de Deus
(harmonia plena)

Esta dinâmica foi criada para trazer equilíbrio e paz às pessoas que estão nervosas, irritadas ou tristes. Iniciemos...

Sente-se confortavelmente.

Coloque as palmas das mãos uma sobre a outra e repouse-as em teu colo.

Feche os olhos.

Respire profundamente uma vez.

Verbalize o texto da primeira coluna, em seguida visualize o que é proposto:

Respira dez	*visualize o número 10 acima da cabeça*
Respira nove	*visualize o número 9 em frente à testa*
Respira oito	*visualize o número 8 em frente às sobrancelhas*
Respira sete	*visualize o número 7 em frente aos olhos*
Respira seis	*visualize o número 6 em frente ao nariz*
Respira cinco	*visualize o número 5 em frente à boca*
Respira quatro	*visualize o número 4 em frente ao queixo*
Respira três	*visualize o número 3 em frente à garganta*
Respira dois	*visualize o número 2 em frente ao peito*
Respira um	*visualize o número 1 dentro do teu coração sutil*

Saiba que Deus habita teu coração sutil e está aguardando você.

Receba agora dele um abraço aconchegante e amoroso.

Vamos lá, se acomode um pouco melhor nesse abraço infinito.

Se solte... permita ser acolhido/a por Ele.

Você merece esse carinho.

Sinta o calor, o amor de Deus e absorva esta Divina energia.

Ele está sempre aqui, em teu coração sutil, retorne a Ele quando quiser.

Perceba agora que teu corpo etérico está energizado, teu corpo físico curado, teu corpo mental tranquilo, teu corpo emocional em paz e teu corpo espiritual conectado ao Sagrado.

Lentamente, no teu tempo, retorne à nossa realidade...

Inicie pequenos movimentos nos dedos dos pés, depois nos dedos das mãos, estique braços, pernas, pescoço, tronco.

Espreguice-se devagar, demoradamente, abrindo os olhos quando achar apropriado...

Namastê!

CAPÍTULO 4

Inspiração

Processo vinculado ao elemento ar, ao quarto chakra (cardíaco), à mobilidade, movimento, liberdade, tato, intuição e à mudança de crenças, ideias, projetos e rumos.

Os textos são sutis, primeiros lampejos de evolução espiritual, uso da intuição como poderoso meio de comunicação com o Sagrado, consulta frequente ao "coração sutil" antes da mente.

reflexão proposta
*Se ainda não elaborou, segue proposta de propósito de vida:
alinhar pensamento, emoção, sentimento e intuição,
para assim conquistar serenidade interna
e depois, por amor, planejar e realizar sonhos e desejos.*

Virtuosa semente

A palavra *semente* tem habitado meus pensamentos e minha jornada de forma provocativa e intrigante. Creio que cada Ser manifestado é, em essência, fruto de uma **numinosa e singular semente**, gerada, habitada e mantida pela sutil energia do Criador. Mas o que dizem os principais sistemas, culturas, doutrinas e escolas filosóficas sobre o tema? Sem paixões e julgamentos, pesquisamos profundamente o assunto e compartilhamos agora o resultado do estudo:

Segundo Kyokai, escritor e integrante da **Doutrina Budista**:

A pura e fragrante flor de lótus desenvolve-se melhor na lama e em um pântano do que em um terreno limpo e firme; da mesma maneira, a pura Iluminação de Buda surge do lodo das paixões mundanas. Assim, mesmo os mais absurdos pontos de vista e as ilusões das paixões mundanas podem ser sementes da Iluminação de Buda;[53]

Tem-se dito que a pura e verdadeira mente é a mente fundamental; ela é a própria natureza búdica, isto é, a semente do reino de Buda. Pode-se conseguir fogo, enfocando-se os raios solares sobre uma moxa, através de uma lente. Mas se a moxa não tiver a natureza combustível, certamente, não haverá fogo. Da mesma maneira, se a luz da Sabedoria de Buda for concentrada sobre a mente humana, sua verdadeira natureza será inflamada e a luz iluminará as mentes dos homens com seu esplendor e despertará a fé em Buda;[54]

Embora alcance o estado de Buda, não me considerarei realizado, até que os homens, ouvindo o meu nome, pensem em meu reino e nele desejem nascer, plantem com sinceridade

---

[53] KYOKAI, Bukkyo Dendo. *A doutrina de Buda*. Tóquio: Sociedade para a Divulgação do Budismo, 1977, p. 71.

[54] KYOKAI, 2014, p. 80.

as sementes da virtude e sejam capazes de cumprir todos os desejos de seus corações;[55]

Aqueles que acreditam em Buda percebem em tudo a pureza universal da unicidade e, com esta mente, sentem compaixão por todos e humildemente servem a todas as pessoas. Portanto, os leigos devem purificar suas mentes de todo o orgulho e alimentar a humildade, a cortesia e a serventia. Suas mentes devem ser como a dadivosa terra que nutre tudo imparcialmente, que serve sem se queixar, que sofre pacientemente, que está sempre zelosa que encontra a maior alegria em servir aos pobres, plantando em suas mentes as sementes do ensinamento de Buda;[56]

Com os hábitos de cultivar a memória, a reflexão e o agradecimento, um irmão leigo poderá ter imensa felicidade. Chegará a compreender que sua fé é a própria compaixão de Buda e que lhe foi atirada por Buda. Não há a semente da fé na lama da paixão mundana, mas, por causa da compaixão de Buda, as sementes da fé podem aí ser semeadas que purificarão a mente até que ela tenha fé para acreditar em Buda. Como dito o perfumado sândalo não pode crescer em um bosque de mamoneiras. Da mesma maneira, as sementes da fé em Buda não podem vingar no seio da ilusão. Mas agora, a flor da alegria aí está vicejando; assim, devemos concluir que, enquanto sua florescência está no seio da ilusão, suas raízes estão em outra parte, isto é, estão no seio de Buda. Se um irmão leigo for dominado pelo egoísmo, ele se tornará ciumento, invejoso, odioso e maldoso, porque sua mente se corrompeu com a cobiça, ira e com a tola e desenfreada paixão. Mas se retornar a Buda, realizará maior serviço.[57]

Segundo Osuna, escritor e integrante da **Cultura Celta**:

Fertilidade e gravidez — a concepção e seu bom fim eram fundamentais para os celtas, que não vacilavam em se casar com mães solteiras para assegurar a descendência. A magia

---

[55] KYOKAI, 2014, p. 110.

[56] KYOKAI, 2014, p. 208.

[57] KYOKAY, 2014, p. 209.

tinha papel essencial no que consideravam o dom mais milagroso da natureza, que permitia a continuidade de linhagens e gerações. Seguindo uma lógica simbólica, os encantamentos de fertilidade utilizavam principalmente sementes, flores e frutos do meio vegetal, como pétalas de gerânios, jasmins e papoulas, grãos de mostarda e preparados com figos, pêssegos ou ameixas. A magia druida deu excelentes resultados no que se refere a esse assunto, pois os celtas chegaram a ser uma das etnias mais fecundas na Europa em seu tempo;[58]

Valor e força — tanto nos frequentes combates quanto nas tarefas cotidianas, na navegação, na caça, na pesca ou na luta contra as feras, os celtas tinham que constantemente colocar à prova a coragem, o vigor e a resistência. Era um povo forte que havia invadido toda a Europa e resistido de modo heroico às poderosas legiões romanas, talvez por conhecerem os poderes ocultos da natureza. Os druidas propiciavam a absorção dessas energias por meio de preparações mágicas que sempre incluíam uma ou outra das seguintes ervas e substâncias naturais: mil-em-rama, folhas de carvalho, espadana, borragem, sementes de trigo, nozes e sementes de uva negra. Com certeza havia muitos outros componentes e fórmulas relacionados ao vigor e à valentia física, mas grande parte deles era próprio de determinado mestre ou escola druida. O uso não era geral, e sim reservado para chefes de sucesso ou jovens guerreiros protegidos por um druida ou druidisa.[59]

Rituais de fertilidade — os casais celtas se casavam muito jovens para assegurar a fertilidade e ter vários filhos que continuariam a linhagem. A esterilidade era causa de vergonha e vexame social, já que se acreditava que os deuses castigavam com ela alguma ação ruim de um ou ambos os esposos. Por isso, os matrimônios que não podiam procriar rogavam aos druidas, que intercediam em favor da fertilidade. Durante os rituais de fertilidade, onde eram usados sementes, grãos, velas, metais, tecidos, utensílios de madeira, leite e terra, os druidas recitavam as seguintes palavras: Semente

---

[58] OSUNA, Montse. *O livro secreto da magia celta*. São Paulo: Universo dos Livros, 2009, p. 78.

[59] OSUNA, 2009, p. 79.

e terra para germinar, leite para nutrir, ferro para fortalecer, bronze para proteger, prata para alegrar a nova vida que haverá de nascer.[60]

Segundo Wiersbe, escritor e integrante da **Doutrina Cristã**:

Apóstolo Paulo diz que o evangelho dá frutos em todo o mundo. A Palavra de Deus é a única semente que pode ser plantada em qualquer lugar e dar frutos;[61]

Quando Jesus Cristo voltar nos ares, dará a sua palavra de ordem e os mortos em Cristo ressuscitarão primeiro (1 Ts 4:16). Isso não significa que ele reconstituirá os elementos do corpo, pois a ressurreição não é uma reconstrução. Paulo trata da ressurreição em 1 Coríntios 15:35ss. Compara a ressurreição do corpo humano à planta que nasce de uma semente. A flor não é idêntica à semente plantada, e, no entanto, há uma relação de continuidade entre as duas. Os cristãos receberão um corpo glorificado como o corpo glorificado de Cristo (Filipenses 3:20, 21; 1 Co 15:47-58). O corpo morto é a semente plantada no solo, e o corpo da ressurreição é a flor que nasce dessa semente;[62]

Ainda há mais verdades a serem encontradas na Palavra de Deus e não devemos pensar que sabemos tudo. A Palavra é como uma semente (Lucas 8:11), e quando uma semente é colocada no solo, produz a planta, frutos e mais semente;[63]

O apóstolo João escolhe uma abordagem semelhante em 1 João 3:9, em que semente se refere à vida e à natureza, divinas dentro do entendimento cristão;[64]

Tiago 1:21 chama a Palavra de Deus de a palavra em vós implantada, ou seja, a Palavra que foi introduzida e arraigada em nós. Tomando emprestada a imagem da parábola

---

[60] OSUNA, 2009, p. 112.

[61] WIERSBE, Warren. *Comentário Bíblico Expositivo — Novo Testamento*: volume II. Santo André: Geográfica, 2007, p. 140.

[62] WIERSBE, 2007, p. 233.

[63] WIERSBE, 2007, p. 263.

[64] WIERSBE, 2007, p. 444.

que Jesus contou sobre o semeador (Mateus 13:1-9, 18-23), Tiago compara a Palavra de Deus com a semente e o coração humano com o solo;[65]

Tiago retrata o cristão como um agricultor espiritual à espera da colheita espiritual. Sede vós também pacientes e fortalecei o vosso coração (Tiago 5:8). Nosso coração é o solo, e a semente é a palavra de Deus (Lucas 8:11). Assim como há estações para o solo, também há estações para a vida espiritual. Por vezes, nosso coração torna-se frio e hibernal, e o Senhor precisa ará-lo antes de plantar a semente (Jr 4:3). Ele envia o sol e as chuvas de sua bondade para regar e sustentar a semente plantada, mas devemos ser pacientes e esperar confiantes pela colheita;[66]

A semente que cai em solo raso produz plantas sem raízes, plantas que morrem quando o sol aparece (Mateus 13:1-9, 18-23). Nesta parábola, o sol representa a angústia ou a perseguição. A pessoa que abandona a fé quando as coisas ficam difíceis mostra apenas que, na verdade, não tem fé alguma;[67]

Quem está na luz, a semente que é a palavra de Deus (Lucas 8:11) pode criar raízes e dar fruto. E o primeiro fruto que o Espírito produz é o amor. Mas o amor não vive sozinho; ele produz alegria. O ódio torna a pessoa infeliz, mas o amor sempre traz consigo a alegria;[68]

Todo aquele que é nascido de Deus não vive na prática de pecado. Por quê? Porque possui dentro de si uma nova natureza que não pode pecar. João chama essa nova natureza de divina semente. Quando alguém aceita a Cristo como Salvador, passa por grandes transformações espirituais. Assim como os filhos físicos têm a natureza dos pais, também os filhos espirituais de Deus têm sua natureza: possuem dentro de si a divina semente. O cristão possui a velha natureza correspondente a seu nascimento físico e a nova natureza correspondente a seu nascimento espiritual;[69]

---

[65] WIERSBE, 2007, p. 446.
[66] WIERSBE, 2007, p. 489.
[67] WIERSBE, 2007, p. 509.
[68] WIERSBE, 2007, p. 621.
[69] WIERSBE, 2007, p. 650.

O fruto possui dentro de si as sementes para gerar mais frutos (Gênesis 1:11, 12). Uma das evidências de que um mistério é, verdadeiramente, de Deus é que seus frutos se multiplicam. Os resultados manufaturados são estéreis e mortos, mas os verdadeiros frutos continuam a crescer e a se reproduzir na vida de outros.[70]

Segundo Kardec, escritor e integrante da **Doutrina Espírita**:

Na semente de uma árvore, não há madeiras, folhas, flores ou frutos e fora erro pueril crer-se que a árvore inteira, sob microscópica forma, ali se encontra. Quase não há, sequer, na semente, oxigênio, hidrogênio e carbono em quantidade necessária a formar uma folha da árvore. A semente contém um gérmen que desabrocha em favoráveis condições. Esse gérmen se desenvolve por efeito dos sucos que haurem da terra e dos gases que aspira do ar. Tais sucos, que não são lenho, nem folhas, nem flores, nem frutos, infiltrando-se na planta, lhe formam a seiva, como nos animais formam o sangue. Levada pela circulação a todas as partes do vegetal, a seiva, conforme o órgão a que vai ter e onde sofre uma elaboração especial, se transforma em lenho, folhas e frutos, como o sangue se transforma em carne, osso, bile etc. Contudo, são sempre os mesmos elementos: oxigênio, hidrogênio, azoto e carbono, diversamente combinados;[71]

Se forem considerados apenas os dois pontos extremos da cadeia, nenhuma analogia aparente haverá; mas, se passar de um anel a outro sem solução de continuidade, chega-se, sem transição brusca, da planta aos animais vertebrados. Compreende-se então a possibilidade de que os animais de organização complexa não sejam mais do que uma transformação, ou, se quiserem, um desenvolvimento gradual, a princípio insensível, da espécie imediatamente inferior e, assim, sucessivamente, até o primitivo ser elementar.

---

[70] WIERSBE, 2007, p. 710.

[71] KARDEC, Allan. *A gênese*: os milagres e as predições segundo o Espiritismo. Brasília: Editora FEB, 2013, p. 172.

Entre a glande e o carvalho é grande a diferença; entretanto, se acompanharmos passo a passo o desenvolvimento da glande, chegaremos ao carvalho e já não nos admiraremos de que este proceda de tão pequena semente. Ora, se a glande encerra em latência os elementos próprios à formação de uma árvore gigantesca, por que não se daria o mesmo do ácaro ao elefante?[72]

Somente o progresso moral pode assegurar aos homens a felicidade na Terra, refreando as paixões más; somente esse progresso pode fazer que entre os homens reinem a concórdia, a paz, a fraternidade. [...] Será ainda o progresso moral que, secundado então pelo da inteligência, confundirá os homens em uma mesma crença fundada nas verdades eternas, não sujeitas a controvérsias e, em consequência, aceitáveis por todos. A unidade de crença será o laço mais forte, o fundamento mais sólido da fraternidade universal, obstada, desde todos os tempos pelos antagonismos religiosos que dividem os povos e as famílias, que fazem sejam uns, os dissidentes, vistos, pelos outros, como inimigos a serem evitados, combatidos, exterminados, em vez de irmãos a serem amados. Semelhante estado de coisas pressupõe uma mudança radical no sentimento das massas, um progresso geral que não se podia realizar senão fora do círculo das ideias acanhadas e corriqueiras que fomentam o egoísmo. Em diversas épocas, homens de escol procuraram impelir a humanidade por esse caminho; mas, ainda muito jovem, ela se conservou surda e os ensinamentos que eles ministraram foram como a boa semente caída no pedregulho.[73]

Segundo Camaysar, escritora e integrante da **Tradição Hermética**:

O estudante dos Fenômenos Psíquicos está ciente dos admiráveis fenômenos classificados sob o título de Telepatia, Transmissão de Pensamento, Influência Mental, Sugestão,

---

[72] KARDEC, 2013, p. 178.
[73] KARDEC, 2013, p. 366.

Hipnotismo, etc. Muitos procuraram para uma explicação destas várias fases de fenômenos as teorias dos diversos instrutores da mente dupla. Em certa medida estão certos, porque há claramente uma manifestação de duas fases distintas da atividade mental. Porém, se esses estudantes considerarem estas mentes duplas à luz dos Preceitos herméticos a respeito das Vibrações e do Gênero Mental, compreenderão que têm na mão a chave com que tanto esforço procuravam;[74]

Nos fenômenos de Telepatia vê-se como a Energia Vibratória do Princípio Masculino é projetada para o Princípio Feminino de outra pessoa e este toma o pensamento–semente e o desenvolve até a madureza. Pela mesma forma operam a Sugestão e o Hipnotismo. O Princípio Masculino da pessoa dando as sugestões dirige uma exalação da Energia Vibratória ou Força–Vontade para o Princípio Feminino da outra pessoa, e esta última aceitando-a, recebe-a em si mesma e age e pensa de conformidade com ela. Uma idéia assim recolhida na mente de uma pessoa, cresce e se desenvolve, e com o tempo é considerada como a melhor produção mental do indivíduo, porquanto, em realidade, é como o ovo do cuco colocado no ninho do pardal, quando este destrói a produção direta, e se põe no ninho. O método normal é para os Princípios Masculino e Feminino na mente de uma pessoa coordenar e agir harmoniosamente em conjunção com a de outra;[75]

O homem e a mulher fortes do mundo manifestam invariavelmente o Princípio Masculino da Vontade, e a sua força materialmente depende deste fato. Em vez de viver das impressões dadas às suas mentes pelos outros, dominam a sua própria mente pela sua Vontade, obtendo a espécie desejada de imagens mentais, e ainda mais dominam do mesmo modo as mentes dos outros. Vede as pessoas fortes, como implantam os seus pensamentos-sementes nas mentes das massas do povo, fazendo assim este pensar de acordo com os desejos e as vontades destes indivíduos fortes. Isto é

---

[74] CAMAYSAR, Rosabis. *O Caibalion — Os três iniciados*: estudo da filosofia hermética do antigo Egito e da Grécia. São Paulo: Pensamento, 2021, p. 81.
[75] CAMAYSAR, 2021, p. 82.

porque as massas do povo são como que criaturas–carneiros, não dando origem a uma idéia própria e não empregando as suas próprias forças de atividade mental;[76]

A verdadeira Transmutação Hermética é uma Arte Mental — nesse axioma, os hermetistas ensinam que a grande obra de influenciar a sua própria roda é realizada pelo Poder Mental. O Universo sendo totalmente mental, é claro que só poderá ser governado pela Mentalidade. E nesta verdade acha-se contida uma explicação dos diversos poderes Universo mentais que estão tomando muita atenção e estudo nestes primeiros anos do Século XX. Debaixo e atrás do véu das doutrinas, cultos e escolas, acha-se ainda constantemente o princípio da Substância Mental do Universo. Se o Universo é Mental na sua natureza substancial, segue-se que a Transmutação Mental pode mudar as condições e os fenômenos do Universo. Se o Universo é Mental, a Mente será o poder mais elevado que produz os seus fenômenos. Se compreender isto, tudo o que é chamado milagres e prodígios será considerado pelo que realmente é. O Todo é Mente; o Universo é Mental.[77]

Segundo Krishnamurti, escritor e integrante do **Hinduísmo:**

Em geral, vivemos em um ambiente de agressão, violência, brutalidade e, como os que nos rodeiam, somos impelidos pela ambição, pelo impulso a preencher-nos. Qualquer talento que tenhamos — qualquer insignificante capacidade para pintar quadros, escrever poesias, etc. — exige expressão, e desta fazemos uma coisa de enorme importância, por meio da qual esperamos conquistar glória ou renome. Em graus diferentes, tal é a vida de todos nós, com todas as suas satisfações, frustrações e desesperos;[78]

Ora, a mutação deve verificar-se na própria semente do pensamento, e não nas expressões exteriores dessa semente; e isso só acontecerá se compreendermos o inteiro processo

---

[76] CAMAYSAR, 2021, p. 82.
[77] CAMAYSAR, 2021, p. 88.
[78] KRISHNAMURTI, 1997, p. 47.

do pensamento — que é a palavra, a idéia. Tomai, por exemplo, uma palavra — Deus. A palavra Deus não é Deus; e só alcançaremos essa imensidade, essa coisa imensurável, qualquer que ela seja, quando já não existir a palavra, o símbolo, quando já não houver crença nem idéia — quando houver completa independência da segurança;[79]

Como vimos ao examinarmos esta questão, o que chamamos pensamento é reação, é a resposta da memória; a resposta de nosso fundo, de nosso condicionamento religioso e social. Ele (o pensamento) reflete a influência de nosso ambiente. Enquanto não se extinguir aquela semente, não haverá mutação e, por conseguinte, não haverá compaixão. Compaixão não é sentimentalidade, não é aquela mole comiseração ou empatia que conhecemos. A compaixão não é cultivável pelo pensamento, pela disciplina, pelo controle, pela repressão, e tampouco pelo sermos amáveis, corteses, gentis, etc. A compaixão só começa a existir quando o pensamento deixou, radicalmente, de existir.[80]

Segundo Zweig, escritor e integrante da **Escola Junguiana**:

Conforme a define a psicologia junguiana, a sombra consiste em diversos níveis diferentes — são aqueles elementos, sentimentos, emoções, idéias e crenças com os quais não conseguimos nos identificar; que estão reprimidos devido à educação, à cultura ou ao sistema de valores. Em essência, a sombra pode ser individual ou coletiva; individual quando somos nós, pessoalmente, que reprimimos nossos conteúdos psíquicos; coletiva, quando toda uma cultura ou subcultura efetua essa repressão;[81]

Como podemos notar, a sombra é uma questão complexa, composta de muitos elementos diferentes. Por ser complexa, ela tem como base um âmago arquetípico, um potencial para

---

[79] KRISHNAMURTI, 1997, p. 48.
[80] KRISHNAMURTI, 1997, p. 48.
[81] ZWEIG, Connie; ABRAMS, Jeremiah. *Ao encontro da sombra*: o potencial oculto do lado escuro da natureza humana. São Paulo: Cultrix, 1991, p. 245.

comportamento com o qual provavelmente nascemos e que poderia ser designado como o elemento homicida ou suicida — aquilo que contém a semente da destruição. Um ponto amplamente debatido é: isso existe ou não no ser humano? Os psicólogos junguianos afirmam que a natureza humana inclui um arquétipo que é essencialmente destrutivo, o instinto do Thanatos freudiano, o instinto de destruir e ser destruído. Torna-se fácil concluir que a sombra, com seu âmago destrutivo e seu componente agressivo, é de importância vital para o entendimento da psicopatia.[82]

Segundo Chung, escritor e integrante da **Escola da Mente**:

Thomas Watson, o fundador da IBM, reagiu assim diante de um jovem, dinâmico e assustado diretor que acabara de dar um prejuízo de quase 10 milhões de dólares em um projeto de risco: "O quê? Despedi-lo? Agora que acabei de investir 10 milhões de dólares no seu treinamento?" Todas essas pessoas com certeza se manifestavam assim: "Certo, aquilo não funcionou, mas... olhe só para isto!" Eles encararam o insucesso não como sinal de derrota, mas como prelúdio para o sucesso, um estágio ou degrau a ser compreendido e depois usado de forma melhor. O fracasso é como um sucesso retardado. E essas pessoas abraçaram o fracasso e o transformaram em um agente criativo para impulsionar seu trabalho. Mas a maioria de nós tende a igualar o fracasso à inadequação ou à rejeição. É como uma vergonha a ser carregada em segredo;[83]

É bom ter em mente que pessoas extraordinárias esperam o fracasso porque sabem que o sucesso nasce das sementes plantadas pelo fracasso e que grandes realizações foram construídas sobre os alicerces da inadequação e do erro. Vivemos em uma cultura na qual vencer é importante. A cultura, através das regras esportivas e educacionais, se encarrega diariamente de nos lembrar disso. E espera-se

---

[82] ZWEIG, 1991, p. 246.

[83] CHUNG, Tom. *Qualidade começa em mim*: manual neurolinguístico de liderança e comunicação. São Paulo: Maltese, 1995, p. 18.

que todos amem o vencedor. Todos participamos diariamente de eventos muito mais importantes e que jamais são encontrados nas páginas esportivas. Se a vida é uma escola, ela também é um jogo, de que todos participam com muito pouca compreensão das regras e de como marcar os pontos;[84]

Quando uma comunicação se caracteriza por uma violação de metamodelo do tipo causa e efeito ("O jeito dele me irrita" ou "Sinto-me horrível quando meu chefe me critica.") ou equivalência complexa ("Ela não gosta mais de mim, porque deixou de me cumprimentar ontem" ou "Não consigo anotar nada, sou um burro."), isto é uma indicação para uma ressignificação de significado. Neste procedimento o estímulo do mundo não muda, o que muda é o significado que agrega o estímulo. Uma vez de posse do significado, pergunte a si mesmo, por alguns instantes: "Que outro significado mais útil o comportamento descrito pode ter para esta pessoa? Talvez o chefe goste dele e acredite que tem potencial, fazendo questão de que ele conheça rapidamente as rotinas estabelecidas na empresa... ou, talvez, ensinar alguém pode ser sinal de investimento especial nas pessoas mais capazes da equipe". Criadas algumas opções de melhor significado, escolha o que for mais adequado à situação da pessoa e transmita isto de um modo coloquial e despretensioso, mas congruente com a crença de que talvez seja isso que você está transmitindo. "Sim, você tem se sentido horrível toda vez que seu chefe quer lhe ensinar a fazer melhor seu trabalho, sinceramente, se meu chefe fizesse isto comigo eu ficaria orgulhoso por ter sido o alvo de sua escolha e por seu interesse em investir em mim." E dado este novo significado, observe as mudanças fisiológicas que a pessoa possa estar apresentando, de modo a orientá-la sobre sua ressignificação, se ela foi eficaz ou não. Em caso negativo, simplesmente procure outro significado e ofereça-o elegantemente, da mesma maneira. Não há como saber antecipadamente se uma ressignificação vai dar certo ou não, sem experimentá-la. Tudo o que você pode fazer é lançar algumas sementes positivas, deixando que a terra fértil

---

[84] CHUNG, 1995, p. 18.

da mente da pessoa as aceite e faça florescer aquela que for escolhida. Lembre-se, não existe fracasso na comunicação, apenas respostas. Aliás, isto também é uma ressignificação.[85]

Segundo Wilhelm, escritor e integrante da **Tradição Taoísta:**

Quando o infortúnio esgota suas forças, retornam épocas melhores. A semente do bem permanece, e é justamente quando o fruto cai ao chão que o bem renasce de sua semente. O homem superior recupera sua influência e sua efetividade. A maldade do homem inferior volta-se contra ele próprio. Aqui se manifesta uma lei da natureza. O mal não é nefasto apenas para o bem, mas termina por destruir-se a si próprio. Pois o mal, vivendo somente da negação, não pode subsistir em si mesmo;[86]

Quando, na primavera, as forças da vida voltam a se agitar, todas as coisas renascem. No começo da primavera, quando a semente cai na terra, todas as coisas se realizam. Isto sugere a imagem da nutrição através de movimento e tranquilidade. O homem superior faz disso um modelo para o desenvolvimento e o cultivo de seu caráter. As palavras são um movimento do interior para o exterior. Comer e beber são movimentos do exterior para o interior. Essas duas formas de movimento podem ser moderadas através da tranquilidade. Deste modo cultiva-se o caráter;[87]

Amanhece, e o trabalho se inicia. Após ter estado isolado do mundo exterior no sono, a Alma começa a restabelecer suas relações com o mundo. Atividade e pressa imperam. Nesse momento, o importante é preservar o recolhimento interior e não se deixar levar pela agitação da vida. Se permanecer sério e concentrado, o homem alcançará a clareza necessária para a análise das numerosas impressões que lhe chegam. É precisamente no começo que esta concentração é importante, pois no início está a semente de tudo que se seguirá;[88]

---

[85] CHUNG, 1995, p. 151.

[86] WILHELM, Richard. *I Ching*: o livro das mutações. São Paulo: Pensamento, 2006, p. 91.

[87] WILHELM, 2006, p. 99.

[88] WILHELM, 2006, p. 107.

O Criativo produz a semente invisível de todo vir a ser. Esta semente é, a princípio, puramente espiritual; por isso, sobre ela não é possível se exercer qualquer ação ou procedimento; nesse âmbito é o conhecimento que age de forma criadora. O Criativo é, em sua essência, movimento. Através do movimento ele consegue com facilidade unir o que está dividido. O Receptivo é, em sua essência, repouso. Através do repouso o mais simples torna-se possível no âmbito do espaço. O receptivo é capaz de agir através do simples. Enquanto o Criativo atua no mundo do invisível, tendo como campo o espírito e o tempo, o Receptivo opera sobre a matéria distribuída no espaço, e completa as coisas concluídas e concretizadas. Na semente do porvir, tudo o que vem a ser se desenvolve espontaneamente;[89] Só através do que é profundo pode-se chegar ao interior de todas as vontades existentes sobre a terra. Só através da semente pode-se completar todas as coisas sobre a terra. Só através do Divino pode-se apressar sem se precipitar e chegar à meta sem caminhar.[90]

Segundo Ruiz, escritor e integrante da **Tradição Tolteca**:

Segundo tal tradição, a mente humana é como um terreno fértil onde sementes estão sendo plantadas continuamente. As sementes são opiniões, ideias e conceitos. Você planta uma semente e a mente humana é tão fértil! O único problema é que, frequentemente, também é fértil para as sementes do medo. A mente do ser humano é fértil, mas apenas para as sementes para as quais é preparada. O que é importante é saber para que tipo de semente nossa mente é fértil, e então prepará-la para receber as sementes do amor;[91] Você pode transcender o sonho do inferno apenas firmando o compromisso de ser impecável com sua palavra. Se essa semente vai ou não crescer, depende de quão fértil sua mente

---

[89] WILHELM, 2006, p. 107.

[90] WILHELM, 2006, p. 241.

[91] RUIZ, Don Miguel. *Os quatros compromissos*: o livro da filosofia tolteca. Rio de Janeiro: Best Seller, 2010, p. 15.

é para as sementes do amor. Cabe a você firmar esse compromisso com você mesmo: "sou impecável com minha palavra". Cuide dessa semente e, à medida que ela germinar em sua mente, irá gerar mais sementes de amor para substituir as sementes de ódio. Esse primeiro compromisso irá mudar o tipo de sementes que brotam de sua mente;[92]

Temos hábitos e rotinas mentais dos quais não nos damos conta. Tornar-se consciente desses hábitos e compreender a importância desse compromisso é o primeiro passo. Mas compreender sua importância não é o suficiente. A informação ou a ideia é apenas a semente em sua cabeça. O que realmente faz diferença é a ação. E afirmar a ação várias vezes fortalece sua vontade, alimenta a semente e estabelece uma base sólida para que os novos hábitos germinem;[93]

Não precisamos saber ou provar coisa alguma. Simplesmente ser, assumir o risco e apreciar a vida é tudo o que importa. Diga "não" quando tiver de dizer "não", e "sim" quando tiver de dizer "sim". Você tem o direito de ser você. E só pode ser você quando dá o melhor de si. Quando não dá o melhor de si, está se negando o direito de ser você. Essa é uma semente que deve alimentar em sua mente. Você não precisa de grande sabedoria nem de grandes conceitos filosóficos. Não precisa da aceitação dos outros. Você expressa sua divindade estando vivo e amando a si mesmo e aos outros. É uma expressão divina dizer: Ei, eu amo você.[94]

Segundo Lopes,[95] escritor sobre a **Tradição Wicca:**

Ela começou a comer seu sorvete com grande prazer. Decidi não atrapalhar sua diversão e ataquei minha salada de frutas. Havia pedaços de morango, maçã, laranja, banana, abacaxi e mamão cortados em pequenos cubos com muito capricho.

---

[92] RUIZ, 2010, p. 20.

[93] RUIZ, 2010, p. 30.

[94] RUIZ, 2010, p. 34.

[95] LOPES, Roberto. *O livro da bruxa*. São Paulo: Ediouro, 2003, p. 72.

PORTO DE LUZ: ANCORANDO-SE NA NUMINOSA E SINGULAR SEMENTE

De repente, senti uma pequena semente na boca. Com certeza tinha escapado no momento da preparação. Era uma semente de laranja. Coloquei-a na borda do meu prato.

— Veja isso — disse a bruxa, apontando para a semente.

— É, o cozinheiro precisa tomar mais cuidado. Caprichou tanto, mas deixou passar essa semente de laranja — critiquei.

— Se você quer interpretar assim, não há problema. Mas estou vendo a natureza enviando-lhe uma mensagem — declarou.

Permaneci em silêncio, aguardando a explicação.

— Já pensou no trabalho que deu preparar sua sobremesa? — ela perguntou.

Pensei um pouco antes de responder.

— Imagino que foi preciso escolher as frutas, depois lavá-las, cortá-las em pedaços pequenos e colocá-las neste pote. Até que não é tanto trabalho assim — comentei.

— Você se esqueceu de mencionar a parte mais importante — disse. Pegou com cuidado a semente que eu havia desprezado.

— Considere apenas a laranja. Uma semente igual a essa precisou chegar em um terreno fértil. Então, milagrosamente começou a brotar e deu origem à planta. Ela criou raízes, nutriu-se do solo e cresceu. Enfrentou dias, noites, invernos e verões até desenvolver as flores, seus órgãos sexuais.

Neste ponto, ela fez uma pausa e olhou com o canto dos olhos para a margarida que eu lhe tinha oferecido. Fiz uma expressão de arrependimento, e ela divertiu-se ainda mais.

— A flor de laranjeira foi polinizada por um inseto ou um pássaro e desenvolveu-se até produzir a laranja que você está comendo — concluiu, indicando minha salada de frutas.

Pressenti que ela iria continuar e permaneci ouvindo.

— A mesma coisa aconteceu com todas as outras frutas que estão aí na sua salada. E sabe o que é mais bonito em tudo isso? A laranja trouxe dentro de si uma nova semente. Basta colocá-la em um terreno fértil, e o ciclo será reiniciado. Oculta na sua sobremesa está sua própria receita. Deus é um grande cozinheiro, não concorda? — finalizou.

— Nunca mais vou encarar uma semente como um inconveniente — respondi.

Conforme Sams, escritora e integrante da **Tradição Xamânica**:

O Primeiro Caminho da Iniciação — a direção leste da Roda da Cura foi introduzido originalmente como um rito de passagem para a idade adulta, nas tradições nativas americanas. As cerimônias eram diferentes de tribo para tribo, mas de forma geral incluíam um teste de bravura para os meninos e uma introdução aos mistérios da feminilidade para as moças. A clareza e a iluminação oferecidas por estes ritos de passagem eram encontradas justamente no fato de se assumir responsabilidade pelo bem-estar da tribo como um todo: "Sagrado amanhecer do fogo espiritual, eu me abro para algo além do desejo egoísta. Escolho servir e ser um exemplo brilhante para todos verem. Eu honro o espírito que reside em tudo o que é vivo e me comprometo com a vida que a honestidade produz. Eu busco a verdade que existe em mim e respeito as verdades que os outros veem. Eu dou para outros com um coração contente sem pedir retorno pelo que ofereço. Eu abro meu coração aos que necessitam e sigo meu caminho plantando sementes de amor";[96]

O Terceiro Caminho da Iniciação — a direção oeste da Roda de Cura é o lugar da introspecção e do escutar. O terceiro caminho de iniciação nos ensina o que é a cura e contém lições que nos ajudam a resgatar fragmentos de nós mesmos que foram feridos ou negados em diferentes épocas de nossas vidas. O morcego, símbolo maia do renascimento, é uma das curas que abraçamos no terceiro caminho. Depois de purificar aquilo que não nos serve mais, nós renascemos, deixando o passado para trás. O morcego nos ensina a respeitar o processo de renascimento, enquanto aprendemos a operar a partir de um novo Sagrado Ponto de Vista. Nós conquistamos um novo começo em nossas vidas e precisamos abrigar as sementes que plantamos com nossos próprios esforços. O

---

[96] SAMS, 2003, p. 46.

PORTO DE LUZ: ANCORANDO-SE NA NUMINOSA E SINGULAR SEMENTE

morcego fica de cabeça para baixo na caverna, como fazem os bebês enquanto esperam no útero o momento de nascer. Esta posição de cabeça para baixo é também uma metáfora que descreve como devemos ocasionalmente mudar tudo em nossas vidas, antes de podermos renascer em um novo estado de ser. Durante o processo do renascimento, como no útero da mãe, ouvimos os ecos de cada pensamento e da batida dupla do coração. A batida dupla assinala a harmonia de nosso próprio ritmo cardíaco com o da Mãe Terra, que nos encoraja a seguir curando nossas vidas.[97]

Segundo Chopra, escritor e integrante da **Escola Quântica**:

As complexidades da relação entre mente e corpo não podem ser resolvidas com simplicidade. Se alguém perguntar por que uma mente positiva não pode estar facilmente relacionada à boa saúde, o que parece um dos fatos mais evidentes da vida, a resposta dependerá, em primeiro lugar, do que ela entende por "mente". Essa não é uma questão filosófica, mas de ordem prática. Diante de um paciente com câncer, seu estado mental é julgado pelo modo como se sente no dia do diagnóstico, muito antes ou muito depois? O Dr. Lawrence LeShan, autor de estudos pioneiros desde os anos 50, relacionando as emoções ao câncer, voltava à infância de seus pacientes para descobrir a semente sombria que envenenava sua vida psicológica, e criou a teoria de que ela permanecia adormecida durante anos no subconsciente, antes de provocar a doença;[98]

Em suas parábolas, os rishis (sábio ou vidente para os Vedas) demonstravam grande talento para enganar o intelecto. Uma das mais famosas é sobre um jovem chamado Svetaketu, que saiu de sua casa para estudar os Vedas. Na antiga Índia, isso significava morar com os sacerdotes e decorar longas passagens dos textos sagrados. O rapaz fica fora de casa por doze

---

[97] SAMS, 2003, p. 96.

[98] CHOPRA, Deepak. *A cura quântica*: o poder da mente e da consciência na busca da saúde integral. São Paulo: Best Seller, 1989, p. 40.

anos. Quando finalmente retorna, está todo orgulhoso dos conhecimentos que adquiriu. Seu pai, um tanto aborrecido, mas achando graça, decide acabar com aquela pose:

"— *Vá apanhar um fruto daquela figueira-brava* — *diz o pai de Svetaketu.*

— *Aqui está, senhor.*

— *Abra-o ao meio e diga-me o que está vendo dentro dele.*

— *Muitas sementinhas, senhor.*

— *Pegue uma delas, abra-a ao meio e diga-me o que vê dentro.*

— *Nada, senhor.*

Então, o pai disse:

— *A mais sutil essência dessa fruta é nada para você, meu filho, mas, acredite-me, desse nada surgiu esta enorme figueira-brava.*

E acrescentou:

— *Aquele Ser, que é a essência mais sutil de tudo, a suprema realidade, a Alma de tudo o que existe, aquele é você, Svetaketu.*"

Na verdade, essa é uma história muito quântica. O universo, como a enorme figueira-brava, surge de uma semente que nada contém. Sem uma metáfora como a da semente e a árvore, nossa mente não tem como captar o que é um nada assim, uma vez que ele é menor do que o conceito "menor", e mais antigo do que o Big Bang. O mistério mais profundo do conto é que o próprio Svetaketu é feito dessa mesma essência inimaginável, que tudo permeia. Para descobrir o que o pai de Svetaketu quis dizer, devemos explorar o sentido de percepção, que é a base da sabedoria dos rishis.[99]

Do **Livro de Urântia**, extraiu-se:

Agora relampeja na criação dos Deuses a segunda forma de energia, e esse espírito em eflúvio é instantaneamente abrangido pela gravidade espiritual do Filho Eterno. Assim, pois, esse universo, abrangido duplamente pela gravidade, é tocado pela energia de infinitude e imerso no espírito da

---

[99] CHOPRA, 1989, p. 224.

divindade. E, desse modo, o solo da vida é preparado para a consciência da mente, tornada manifesta nos circuitos inteligentes associados, do Espírito Infinito. Sobre essas sementes de existência potencial, difundidas pela criação central dos Deuses, o Pai atua e a personalidade-criatura surge. E, então, a presença das Deidades do Paraíso preenche todo o espaço organizado e começa efetivamente a atrair todas as coisas e seres na direção do Paraíso;[100]

A justiça suprema pode agir instantaneamente quando não restringida pela misericórdia divina. Mas a ministração da misericórdia aos filhos do tempo e do espaço vem sempre provida desse retardamento temporal, desse intervalo salvador, entre a época de semear e a hora de colher. Se a semente plantada é boa, esse intervalo provê a prova e a edificação do caráter; se o plantio é mau, esse retardamento misericordioso provê tempo para o arrependimento e a retificação. A demora no julgamento e na execução dos que cometeram o mal é inerente à ministração da misericórdia aos sete superuniversos. O refreamento da justiça, pela misericórdia, prova que Deus é amor, que este Deus do amor domina os universos e, pela misericórdia, controla o destino e o julgamento de todas as suas criaturas;[101]

As plantas primeiro foram temidas e depois adoradas, por causa dos tóxicos que se derivavam delas. O homem primitivo acreditava que a intoxicação fazia com que alguém se tornasse divino. Supunham haver algo de inusitado e sagrado em tal experiência. O homem primitivo via a semente germinando com um temor e um respeito supersticioso. O apóstolo Paulo não foi o primeiro a retirar lições espirituais profundas da semente germinando, e a pregar crenças religiosas sobre ela. Os cultos de adoração de árvore estão nos grupos das religiões mais antigas. Todos os casamentos primitivos eram feitos sob as árvores e, quando as mulheres desejavam ter filhos, algumas vezes iam às florestas abraçar afetuosamente um robusto carvalho;[102]

---

[100] FUNDAÇÃO URÂNTIA. *O livro de Urântia*: revelando os mistérios de Deus, do Universo, de Jesus e sobre nós mesmos. Illinois: Editora Fundação Urântia, 2007, p. 134.

[101] FUNDAÇÃO URÂNTIA, 2007, p. 584.

[102] FUNDAÇÃO URÂNTIA, 2007, p. 871.

O solo evolucionário, na mente do homem em quem a semente da religião revelada germina, é a natureza moral, que muito cedo dá origem a uma consciência social. Os primeiros impulsos de natureza moral em uma criança nada têm a ver com sexo, culpa ou orgulho pessoal, mas têm, sim, mais a ver com os impulsos da justiça, da retidão e os desejos de bondade — a ministração colaboradora para com o semelhante. E quando esse primeiro despertar moral é nutrido, ocorre um desenvolvimento gradual da vida religiosa que é relativamente livre de conflitos, de abalos e de crises;[103]

O Supremo em evolução irá compensar, finalmente, as criaturas finitas pela incapacidade de elas não haverem realizado senão um contato, e mais do que limitado, de experiência, com o universo dos universos. As criaturas podem alcançar o Pai no Paraíso, mas as suas mentes evolucionárias, sendo finitas, são incapazes de compreender realmente o Pai infinito e absoluto. Todavia, posto que todas as experiências das criaturas se registram no Supremo, e fazem parte do Supremo, quando todas as criaturas atingirem o nível final da existência finita, o Supremo, como uma presença factual da divindade, então, inerentemente ao fato desse próprio contato, ocorre o contato delas com a experiência total. A finitude do tempo, em si mesma, contém as sementes da eternidade; e é-nos ensinado que, quando a plenitude da evolução testemunhar a exaustão da capacidade para o crescimento cósmico, o finito total irá embarcar nas fases absonitas da carreira eterna, em busca do Pai, como o Último.[104]

Gratidão por refletir conosco sobre o tema "semente". O estudo não tem como propósito esgotar o assunto, mas provocar o resgate consciente de que somos fruto de uma "semente de luz" e de que essa essência primordial pulsa radiante e intensa dentro de nós.

Lembre-se! Na dúvida, no desespero e no descontrole, mergulhe em si e banhe-se com a luz do Sagrado que habita teu coração sutil.

---

[103] FUNDAÇÃO URÂNTIA, 2007, p. 1.030.
[104] FUNDAÇÃO URÂNTIA, 2007, p. 1.164.

A sutileza do perdão

Cidade da Luz, 1 de janeiro de 0001.

Sr. Gerente-Professor,

Venho por meio desta agradecer-te pela experiência que tua atitude me proporcionou vivenciar alguns anos atrás.

Na época, precisei muito da tua ajuda, testemunhando a meu favor durante um processo de assédio moral impetrado sem provas e sem evidências, contra mim, por um profissional que trabalhou conosco, pois você, como gerente do departamento, era também corresponsável pelo assunto.

Ressalto que o que mais me feriu não foi a recusa em me auxiliar, mas, sim, o tom da tua voz dizendo: "Eu não quero nem saber deste assunto; não me incomode com teus problemas".

Registro que a recusa muito me fortaleceu. A partir dela fui buscar apoio de outros profissionais, os quais me ajudaram sem esforço a comprovar minha integridade e transparência nas decisões que tomei. Para minha surpresa, recebi apoio de pessoas que não imaginei e que evidenciaram seu respeito por mim. A todas elas, minha eterna admiração.

Sim, provamos ao Sr. Juiz que não cometi assédio moral e o processo foi encerrado imediatamente.

Quero relembrá-lo que, alguns anos mais tarde, você precisou da minha ajuda, várias vezes por sinal, e pude apoiá-lo com alegria e sem restrições. Percebi, então, que a vida realmente dá voltas...

Gratidão imensa por criar essa oportunidade, a qual revigorou meu coração sutil com a sutileza do perdão, lapidou meu caráter com a luz da justiça e da verdade e fortaleceu minha Alma com o Divino fogo da superação.

Fraternalmente,

Eu Aprendiz

Fênix

Finalmente, decidi crer na tua existência:
como bailarina, passou a dançar na fumaça de meus incensos,
como cigana, passou a habitar frequentemente minha vida bandida,
como prana, passou a alimentar meu corpo e minha Alma,
como cinderela, passou a dar brilho ao meu castelo de areia.

Algum tempo depois, porém:
o que era doce amargou,
o que era novo envelheceu,
o que era sonho materializou-se,
o que era harmonia frustrou.

Restou apenas:
o calor do teu corpo no lençol,
o cheiro do teu corpo no sofá,
a imagem do teu corpo na memória,
a energia do teu corpo no meu corpo.

Agora, iniciar o *projeto sobreviver*:
cortando amarras,
desligando conexões,
apagando memórias,
transmutando sentimentos.

Será necessário, ainda:
alçar novos voos,
explorar novos caminhos,
elaborar novos sonhos,
conectar novas energias.

Enfim,
recriar-me a partir das cinzas como Fênix,
inspirado, porém, por Oswaldo Montenegro e sua canção *Eu quero ser feliz agora*:

> Se alguém disser para você não dançar
> E que nessa festa você está de fora
> Que volte para o rebanho
> Não acredite, grite, sem demora
> Eu quero ser feliz agora

Mantra *do amor incondicional*

Lá vem ela,
perfumando o vento e
transbordando luz e calor.

Lá vem ela,
contemplando o fogo e
abençoando a lua e o amor.

Lá vem ela,
tropeçando em ilusões e
buscando a verdade apesar da dor.

Lá vem ela,
reverenciando a terra e
saudando a vida e o louvor.

Lá vem ela,
transmutando o mal
em porções de bom humor.

Lá vem ela,
dançando descalça e
cantando o *mantra* do amor incondicional:
Lokah samastah sukhino bhavanthu[105]

---

[105] DOKRAS, Uday. *The Complete Compedium of Mahalaxmi Katha*. Chennai: Laxmi Kovil Temple, 2020, p. 222: "O *mantra* significa: Que todos os seres sejam felizes".

Embriagados de nós

(inspirado na canção *Além do som* de Brahma Kumaris Brasil)

00[106]   A canção
tocou-me
e lembrei-me
de você perto de mim.

20   A canção
tocou-te
e fez você
transbordar luz sem fim.

45   Sim, ao teu lado quero estar,
teu perfume inalar.
Sim, ao meu lado venha estar
e o prazer exaltar,
no mais íntimo olhar.

1:09   Seremos
duas almas
habitando
um só agora.

---

[106] Tempo em Minutos: Recomenda-se ouvir a canção citada no título e ao mesmo tempo ler o texto acima. Perceba que eles se integram. Essa técnica deverá ser usada também em outros textos deste livro (nota do Autor).

1:26   Seremos
a verdade
contida no
mais sincero dos nossos sentimentos.

1:48   Sim, segredos compartilhar
em corpos livres a bailar.
Sim, uma doce alegria
os sorrisos vão mostrar.

2:12   Renascer
para a vida.
Confiar
um no outro.

2:30   Renascer
para o romance.
Desfrutar
desta linda surpresa:
que é paixão,
que é magia,
que é bênção.

3:22   Não importa
se erros houve,
quem nós fomos,
se pecamos.

3:45 Aparências
nada valem,
pois elas são
as mais tolas e falsas das mais tolas ilusões.

4:12 Permitimos
estar
embriagados de nós
e acolhidos
pelo bem.

4:32 O Sagrado é
Deus em nós
e nosso carinho,
esse, sim, perdurará,
esse, sim, existirá,
e assim será
para sempre.

A chance de ser mais feliz

(inspirado na canção *Hymn to hope* de Secret Garden)

Meu coração
sangrava de dor
lembrando do adeus
e da mágoa no olhar.

A lua escondeu
a tristeza atrás da nuvem,
o pranto da minha Alma
e a vontade de te beijar.

No dia em que eu
saí da tua vida, sim,
devolvi a você
a chance de ser mais feliz.

Mas
relembrar é tão ruim
quanto reviver
aquilo tudo outra vez.

Fomos apenas um:
um único impulso,
um único rascunho,
ilusoriamente amor.

E a vida fez
o que era certo fazer.
E agradeço a Deus
por te esquecer.

A magia
do amor libertou nossos corações,
para sem medo
começarmos tudo outra vez.

O bem é em mim
(inspirado na canção *New England* de Esteban Ramirez)

0:00 Eu vou dissolver
chuva do olhar,
eu vou converter
cada gota em mar.

0:17 Eu vou transmutar
minha emoção,
não à solidão
estremecer...
de amar.

0:36 De novo, não.
Meus pedaços
vou juntar
e ninguém
vai me ver
chorar.

0:51 Vou eliminar
esta dor no peito
e vou resgatar
respeito em mim.

1:08   Eu vou inovar,
asas vou criar,
vazio povoar
e livre vou...
viver.

1:27   De novo, não.
A Luz me disse
que recomeçar
será melhor.

1:41   A força que há em mim,
creio que não
tem fim,
e ela
me faz
crescer.

1:58   Vale a pena viver
uma nova relação.
Errar
sempre será...
tentar.

2:18   De novo não vou acatar.
Hoje estou
pronto para
me aceitar
plenamente.

2:33   De novo não permitirei.
Eu decidi
cegar
o que
jamais
se pode...
ceifar.

2:52   De novo, não.
Abro portas,
solto as amarras,
o bem é em mim.

3:07   Vou submergir,
a Alma encontrar,
ela abraçar
e o bem querer.

3:25   Eu vou transbordar
minha energia,
não a apatia,
e explodir...
de amor.

3:44   De novo, não,
pois eu sei
que o Sagrado
está em
meu sutil
coração.

A numinosa e incansável busca

Mas quem são os buscadores e buscadoras no atual contexto humano? São Seres de luz encarnados e manifestados nesta dimensão, neste planeta. Seres que possuem dentro de si conveniente inquietação, motivante impaciência, impulsionador desconforto, sutil energia que lhes tira o fôlego e o sono, e impede de usufruir qualquer zona de conforto.

São Seres diferenciados, pois possuem um brilho inusitado no olhar, um misto de sabedoria e audácia na ação e cultivam uma postura única de observar, refletir e agir. Suportando tais Seres e suas buscas, podemos identificar o uso de ferramentas sutis, tais como: "princípios" inabaláveis, "virtudes" inquestionáveis e "valores" estimulantes.

Quanto aos relevantes princípios, temos:

- Benevolência — só transborda bondade aquele ou aquela que se ama, que se aceita e que se trabalha internamente. A gentileza nasce naturalmente no coração do Ser de luz, porém é preciso ter coragem para demonstrá-la, para externá-la, para compartilhá-la. A opinião de outros deve ser desconsiderada durante tais processos;

- Calma — estado de espírito sereno, harmonioso, equilibrado e obtido a partir de frequentes processos meditativos ou técnicas similares. Quando a calma impera, o discernimento, pensamento e sentimento se tornam mais coerentes, conscientes, lúcidos e elevados, garantindo, assim, que as melhores decisões serão tomadas;

- Fé — confiança em um Ser supremo que tudo criou, em uma Divina ordem que tudo mantém e na **numinosa e singular semente** que anima os seres manifestados. Da fé na espiritualidade como caminho evolutivo, nasce a esperança permanente de que tudo pode melhorar, basta crer e agir com inabalável determinação;

- Gratidão — se pararmos para refletir, constataremos que temos muito mais a agradecer do que a pedir, ou reclamar. Reconhecer frequentemente as bênçãos recebidas cria a possibilidade de que novas bênçãos sejam recebidas. Agradecer pela existência, pela saúde, pela família, pelos bens materiais que não são efetivamente nossos, mas estão à nossa disposição por mérito nesta jornada;

- Retidão — fazer o bem não importa a quem, fazer o bem mesmo quando não se tem plateia, fazer o bem sem almejar algo em troca, fazer o bem pela satisfação pessoal em servir, fazer o bem sem post, sem selfie, sem like. Ser honesto não é uma qualidade humana; é, sim, um requisito fundamental para a evolução espiritual.

Quanto às relevantes virtudes, temos:

- Amorosidade — viver plenamente o amor em uma dimensão onde a insensibilidade e a racionalidade imperam pode levar ao sofrimento. A solução é equilibrar coração sutil e mente, ou seja, demonstrar amor na medida certa, em momentos certos, para pessoas certas. A amorosidade, porém, pode ser plena entre Seres de luz;

- Ética — esta talvez seja a mais complexa das virtudes, pois contém em seu bojo atitudes elevadas, tais como a honestidade, a veracidade, a transparência, o respeito e a dignidade. Manter-se fiel a todo esse conjunto requer esforço e determinação. Não esmorecer é a chave para manter a paz de espírito e a consciência tranquila;

- Não ação — Osho[107] ensina que "a mente é a queda original, é o pecado original. Estar na mente é estar no mundo; não estar na mente é estar em Deus. A mente fala o tempo todo. Se esse falatório interno puder ser silenciado, teremos uma breve visão da 'não-mente'. Meditar é não usar seu corpo, nem sua mente. Quando você estiver apenas sendo, isto é meditar. Todo o segredo da meditação está em tornar-se um 'observador'. O fazedor é o ego. É preciso tornar-se um não-fazedor. Aí, Deus é o fazedor e você relaxa";

---

[107] OSHO. *Aprendendo a silenciar a mente*. Rio de Janeiro: Sextante, 2010, p. 12.

PORTO DE LUZ: ANCORANDO-SE NA NUMINOSA E SINGULAR SEMENTE

- Espiritualidade — somos testemunhas da atuação incansável da Divina providência, dos pequenos milagres que nos transformam a cada nova experiência, do poder sublime de ser simples e produzir complexos resultados, da energia espiritual, invisível aos olhos externos, mas essencialmente verdadeira e único caminho para a felicidade;

- Sinceridade — a arte de falar a verdade sem o receio de magoar, mesmo quando o que deve ser dito não é o que se espera ou o que se gostaria de ouvir. Normalmente a sinceridade provoca reflexões transformadoras; cuidado, porém, com o tom de voz e com as palavras escolhidas. Dizer "sim" é naturalmente mais tranquilo do que dizer "não", sem culpa.

Quanto aos relevantes valores, temos:

- Inquietude — tal qual o desconforto, a inquietação é uma grande ferramenta de desenvolvimento e evolução humana. É uma fonte inesgotável de energia que pode fomentar processos internos de transformação de atitudes, de transmutação de crenças e de criação consciente de uma nova e mais saudável realidade individual;

- Ousadia — representada pela carta "O Louco" do Tarô, a impulsividade, a jovialidade, a inconsequência, o impulso irracional em direção à mudança, ao novo, ao desconhecido caracterizam essa atitude. Tem-se aqui a possibilidade ambivalente da construção e destruição de algo. Nesse caso, risco e prazer motivam os Seres de luz;

- Solitude — nesse estado alterado de consciência tudo é magia, tudo é viável, tudo é realizável, pois o acesso ao Sagrado é possível de ser estabelecido. Momento de imersão até o santuário interno, de fechar os ouvidos e olhos externos e abrir os ouvidos e olhos internos em busca de paz, harmonia, cura e respostas inspiradoras;

- Relações — são espelhos de tudo de bom e de tudo de mau que se decidiu ser ao longo da jornada. Se alguém decidir evoluir como ser humano, certamente a qualidade das relações evoluirá na mesma medida. Nas relações, sempre existem dois lados; porém, realizar com esmero o que nos cabe e deixar o Universo tratar das outras dimensões é o mais sensato a se fazer;

- Desapego — quando conquistamos algo, o medo de perdê-lo é quase inerente e poderá tirar a paz e o sono. Estar consciente de que aquilo que recebemos licitamente é abençoado e será nosso enquanto tivermos mérito deve acalmar a mente e o coração. Já apegar-se doentiamente a algo pode gerar a princípio sofrimento e mais tarde a construção de uma prisão hermética.

E o que buscam tais Seres de luz?

- Buscam a conexão com a Sagrada essência, com a Centelha Divina e com a Criança interior;
- Buscam viver a verdade nem que doa, a compaixão sem julgamento e o despertar da espiritualidade quântica;
- Buscam a inspiração essencial a partir das qualidades transcendentais da Divina presença Eu Sou;
- Buscam ancorar-se na **numinosa e singular semente**, a qual fortalecerá a "alma efêmera" durante o caminho que leva até o "espírito eterno".

O personagem Zaratustra[108] nos ajudará a compreender melhor essa "Busca", ou seja, esse processo sutil de evolução da consciência e do espírito:

> Três metamorfoses do espírito menciono para vós: de como o espírito se torna camelo, o camelo se torna leão e o leão, por fim, criança. Há muitas coisas pesadas para o espírito, para o forte, resistente espírito em que habita a reverência: sua força requer o pesado, o mais pesado;
>
> [...] todas estas coisas mais que pesadas o espírito resistente toma sobre si: semelhante ao camelo que ruma carregado para o deserto, assim ruma ele para seu deserto. Mas no mais solitário deserto acontece a segunda metamorfose: o

---

[108] NIETZCHE, 2011, p. 25.

espírito se torna leão, quer capturar a liberdade e ser senhor em seu próprio deserto;

[...] dizei-me, irmãos, que pode fazer a criança, que nem o leão pôde fazer? Por que o leão rapace ainda tem de se tornar criança? Inocência é a criança, e esquecimento; um novo começo, um jogo, uma roda a girar por si mesma, um primeiro movimento, um sagrado dizer-sim. Sim, para o jogo da criação, meus irmãos, é preciso um sagrado dizer-sim: o espírito quer agora sua vontade, o perdido para o mundo conquista seu mundo. Três metamorfoses do espírito eu vos mencionei: como o espírito se tornou camelo, o camelo se tornou leão e o leão, por fim, criança.

Mantra da conexão espiritual

Este *mantra* visa fortalecer a conexão de nossa dimensão espiritual com o Grande Provedor da vida, do bem e da verdade:

Conectado
ao Grande Espírito Eu Sou.

Conectado
ao Grande Espírito Eu Sou.

Conectado
ao Grande Espírito Eu Sou.

Conectado
ao Grande Mistério Eu Sou.

Conectado
ao Grande Mistério Eu Sou.

Conectado
ao Grande Mistério Eu Sou.

Conectado
ao Grande Vazio Eu Sou.

Conectado
ao Grande Vazio Eu Sou.

Conectado
ao Grande Vazio Eu Sou.

Cantarolar inspirador

Durante um banho matutino, após recitar os "Princípios do *Reiki*" e realizar a prática denominada "Autotratamento *Reiki*", transbordando de alegria, ouvi o Grande Espírito cantarolando o seguinte *mantra*:

O Deus que habita em mim
saúda o Deus que há em você.
O Deus que habita em mim
saúda o Deus que há em você.

Namastê, Namastê, Namastê!

A paz que habita em mim
saúda a paz que há em você.
A paz que habita em mim
saúda a paz que há em você.

Namastê, Namastê, Namastê!

O Eu Sou que habita em mim
saúda o Eu Sou que há em você.
O Eu Sou que habita em mim
saúda o Eu Sou que há em você.

Namastê, Namastê, Namastê!

O amor que habita em mim
saúda o amor que há em você.
O amor que habita em mim
saúda o amor que há em você.

Namastê, Namastê, Namastê!

Escala musical humana

Este texto pretende demonstrar a similaridade da "escala musical"[109] com a evolução humana. Entende-se que, no início da jornada, o ser humano é naturalmente denso, limitado e inconsciente da Divina essência que o habita. Ao longo do caminho, percebe em si uma dimensão mais sutil, mais espiritual. Para alcançá-la, porém, várias jornadas são necessárias, assim como a escala musical é retomada diversas vezes durante uma composição.

Os quatro elementos são identificados e abordados no texto como Alma, Coração Sutil, Mente e Corpo. Eles são apresentados em cada estrofe, exatamente nessa ordem. Portanto, se a primeira frase de cada estrofe for lida na sequência, o elemento Alma será totalmente compreendido, e assim sucessivamente.

Cada estrofe possui ainda um conceito específico, e estes evoluem ao longo do texto, assim como as notas musicais evoluem na escala musical e nas composições musicais: inicia-se mais denso (a dor) e alcança-se, ao final, o mais sutil (a divindade).

Entende-se que cada nota musical possui uma porção de energia individualizada, e estas foram percebidas e transformadas nas palavras, frases e estrofes a seguir:

---

[109] PRIOLLI, Maria Luisa de Mattos. *Princípios básicos da música para a juventude*: 1º Volume. Rio de Janeiro: Casa Oliveira de Música, 1999, p. 7: "As notas são 7: dó-ré-mi-fá-sol-lá-si. Essas 7 notas ouvidas sucessivamente formam uma série de sons à qual se dá o nome de escala".

DÓ

Dor na Alma ausente.
Dor no Coração Sutil doente.
Dor na Mente que mente.
Dor no Corpo carente.

RÉ

Reconectar a pureza da essência cantada é necessário.
Relembrar o êxtase da primordial emoção é necessário.
Regenerar a energia da lucidez entoada é necessário.
Revitalizar o poder da saúde atrofiada é necessário.

MI

Minutos de quietude e contemplação da paz.
Milagre acordar celebrando a luz que a vida traz.
Missão diária, reduzir a criação do pensamento audaz.
Mistério é perceber-se infinito e temporariamente fugaz.

FÁ

Farta de desprezo, a mônada clama por piedade.
Fatigado de amar, permitiu-se dominar pela crueldade.
Falsa, a dócil mentira se apresenta travestida de verdade.
Fardo pesado para quem crê nesta realidade.

SOL

Solícita, pôs-se a emanar vibrações de louvor.
Soluçando, transmutou-se em acordes de amor.
Solapando-se, permitiu sobrepor-se ao ego com vigor.
Solenemente, transformou-se em virtuoso iluminador.

LÁ

Lágrimas de bem-aventurança banham o Sagrado abraço.
Lançam ondas de carinho que envolvem cada sutil pedaço.
Lascas de racionalidade são expurgadas pelo Divino maço.
Lacônico silêncio preenche estrondosamente todo o espaço.

SI

Sim, à Espiritualidade.
Sim, à Amorosidade.
Sim, à Verdade.
Sim, à Divindade.

O poder do perdão

Respira esta dor
de saudade,
    Respira esta dor
    de ser ignorado,
Respira esta dor
de distância,
    Respira esta dor
    de ausência,
Respira esta dor
de silêncio,
    Respira esta dor
    de ego,
Respira esta dor
de vítima,
    Respira esta dor
    de medo,
Respira esta dor
de Alma,
    Respira esta dor
    humana,
Respira esta dor
de carência,
    Respira esta dor
    de abandono,
Respira e transmuta todas essas dores,
por meio do poder absoluto do Sagrado perdão.

Pilares de uma relação saudável

Após vivenciar e refletir sobre diversas relações, chegou-se à conclusão de que uma relação saudável possui cinco pilares, os quais permitem que a individualidade seja respeitada, o crescimento pessoal seja incentivado e o cuidado com a relação seja mantido constantemente:

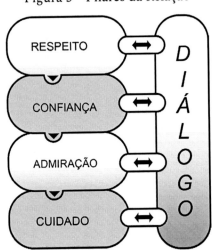

Figura 5 – Pilares da Relação

Fonte: o Autor

Respeito — primeiro e essencial elemento. Sem ele o caos, a tristeza e o sofrimento se estabelecem. É um coquetel composto de honestidade, fidelidade, verdade e empatia — o cerne da relação. Deve habitar naturalmente o coração sutil dos envolvidos, e assim poderá evoluir ao longo do caminho.

Confiança — segundo e importante elemento. Brota a partir do *Respeito* e é composto de maturidade e transparência. Logo que a relação é iniciada, a confiança é concebida. Caso haja algum problema, em virtude da rigidez de alguma das partes, esse elemento poderá deixar de existir e com ele também a relação. Ela já é absoluta em si mesma e não evolui ao longo do tempo.

Admiração — terceiro e vital elemento. Nasce a partir da *Confiança*. É um conjunto composto de suporte, apoio e reconhecimento. A relação poderá até ser mantida sem ela, mas não se tornará uma relação plena. Poderá evoluir ao longo do caminho.

Cuidado — quarto e fundamental elemento. Desabrocha a partir da *Admiração*. Representa a delicadeza, a bondade, a sutileza na relação. Composto de bondade, gentileza, cuidado, atenção, inclusão, amorosidade e espiritualidade. A partir dele, os envolvidos poderão se conectar com o amor incondicional. Poderá evoluir infinitamente ao longo do caminho.

Diálogo — quinto e indispensável elemento da relação. Ele interage com todos os outros elementos, revitalizando permanentemente todo o sublime e sutil processo. Se cultivado, medirá frequentemente a qualidade da relação e alertará quanto a possíveis e necessários ajustes. Recomenda-se fortemente que evolua ao longo do caminho.

Prática proposta

Visando manter uma relação saudável, recomenda-se a dinâmica 11:11 diariamente ou quando for mais conveniente:

Iniciando, um de cada vez terá 11 minutos para falar sobre seus sentimentos e emoções. Quando um estiver falando, o/a outro/a apenas ouve (ouve com empatia, com os ouvidos do coração sutil, sem armadura, escudo e máscara). Essa atitude deve ser mantida mesmo que o que está sendo revelado seja doloroso (respeite e apenas ouça).

Depois que uma rodada de 22 minutos for concluída, ou seja, ambos falaram e ouviram, se poderá então, se necessário for, iniciar a réplica, visando ao esclarecimento de algum fato específico que gerou desconforto ou não foi compreendido totalmente. Mantenham a paz e o respeito durante todo o processo.

O resultado esperado é que nada fique guardado, sufocado e aprisionado dentro de cada participante, que tudo seja esclarecido rapidamente, de forma amorosa e empática, e a relação seja fortalecida.

Conclui-se o processo de frente um/a para o/a outro/a, de mãos postas na altura do coração e verbalizando o mantra Namastê!

A dinâmica poderá ser repetida mensalmente, ou quando o casal achar conveniente.

O Caminho da fé
(fortalecendo-se na luz da verdade)

Madalena nasceu!
Aleluia, irmã brisa sussurrou.
Radiante, irmã lua transbordou.
Inundando o ar com perfume, flor-de-lis comemorou.
Afinal, alguém muito especial a nós retornou.

Desde muito cedo, a compaixão a conduz.
Estava predestinada a ser a Rainha do Bem e da Luz.

Madalena foi pela mãe acolhida com amor e leveza.
Aprendeu com o pai o caminho da justiça e da verdade, com firmeza.
Graciosa e feliz, pela aldeia transbordava beleza.
Dentro dela, adormecia a essência de se tornar torre e fortaleza.
Ainda jovem, sonhos traziam informações e alertas com alguma clareza.
Lágrimas brotaram de seus olhos no dia das trevas, no dia da grande tristeza.
Acolheu, mais tarde, seu Rei amado, com amor e pureza.

Ele[110] foi ungido por Madalena com mirra, lágrimas e devoção.

A certeza de que juntos sempre estariam pulsava forte no sutil coração.

*Sá*bado de sangue, incredulidade, desespero e insuportável comoção.

*A*pesar do flagelo, sabia que continuaria a Divina missão.

Voltou Ele para dizer que seu tempo havia passado e o dela começado.

*I*nsuflada pela confiança e serenidade de seu Mestre, em êxtase chorou.

Vestindo um véu vermelho e como o Amado a ensinara, assim orou:

Eu Sou a ressureição e a vida. Eu Sou O Caminho da Fé, da Luz e da Bondade!

---

[110] MCGOWAN, Kathleen. *O segredo do anel*: o legado de Maria Madalena. Rio de Janeiro: Rocco, 2006, p. 273: "Easa era o apelido da infância de Yeshua (Jesus)".

Autotratamento Reiki *(releitura)*

Aos iniciados e iniciadas no caminho do *Reiki*, respeitosamente, recomenda-se a seguinte prática durante os banhos diários matutinos ou quando achar apropriado:

Prepare-se

respirando lentamente (inspiração curta, expiração longa) por três vezes, centrando a atenção na presença, no aqui e agora, no coração sutil.

Inicie o banho

conectando-se com teus mestres e protetores, verbalizando: Ahô, Grande Mistério; Ahô, Grande Espírito; Ahô, Mestres do Reiki; Ahô, Seres de Luz; Ahô, meu Anjo da Guarda.

Conecte-se com a energia Reiki,

visualize a energia universal sendo criada pelo Grande Mistério, transbordando para o Grande Espírito e de lá para teu corpo etérico, por meio de teu chakra coronário (alto da cabeça). Sinta a energia Reiki inundando todo o teu corpo etérico e realinhando e revitalizando teus sete principais chakras (centros de energia): 7º Coronário (cabeça), 6º Frontal (entre as sobrancelhas), 5º Laríngeo (garganta), 4º Cardíaco (coração sutil), 3º Plexo Solar (abdômen), 2º Umbilical (dois dedos abaixo do umbigo) e 1º Básico (base da coluna vertebral).

Visualize a energia Reiki

transbordando de teu corpo etérico para teu corpo mental. Perceba a energia Reiki transmutando os pensamentos negativos, limitantes, destrutivos e pessimistas em pensamentos positivos, criativos, construtivos e otimistas.

Visualize a energia Reiki

transbordando do teu corpo mental para teu corpo emocional. Perceba a energia Reiki transmutando os sentimentos e emoções negativas, depressivas e opressivas em alegria, bondade, paz, compaixão, perdão, contemplação, amorosidade, confiança, paciência e gratidão.

Visualize a energia Reiki

transbordando de teu corpo emocional para teu corpo físico. Perceba a energia Reiki renovando, rejuvenescendo, reconstruindo, regenerando, reconstituindo, reorganizando e curando ossos e articulações, cartilagens, músculos, tendões, ligamentos e nervos, veias e artérias, órgãos internos e órgãos externos, pele e pelos, sangue e medula, neurônios e sinapses — enfim, trazendo para todas as células e átomos que compõem teu corpo físico a Divina e original perfeição.

Visualize a energia Reiki

transbordando do teu corpo físico para teu corpo espiritual. Perceba a energia Reiki reforçando e fortalecendo tua conexão com o Grande Mistério, realizada por meio da Centelha Divina que habita em você. Perceba o fluxo de energia gerado a partir do teu chakra cardíaco e manifestado na forma de calor. Expanda essa energia, com a ajuda do Reiki, para teu corpo, tua casa, tua cidade, teu estado, teu país, o continente, o planeta e o Universo até se conectar novamente com o Grande Espírito, com o Grande Mistério, com o Grande Vazio — completando assim o ciclo da tua Divina existência.

Potencialize a energia Reiki.

Respire profundamente e visualize uma grande piscina de mármore violeta. Dentro dela, água cristalina e esverdeada. Imerso na água morna e calma, um grande símbolo Choku Rei. Encaminhe-se até a borda da piscina e mergulhe suavemente. Creia na potencialização, realizada pela energia Reiki, da cura de que teus corpos necessitam. Saia da piscina, sentindo-se pleno de felicidade.

Figura 6 – Símbolo *Choku Rei*

Fonte: De'Carli, 2014, p. 222

Comprometa-se dizendo:

"Manterei esta sensação de bem-estar por todo o dia de hoje e aplicarei esta Divina energia em todas as minhas relações, decisões e experiências vivenciadas."

Encerre a sessão dizendo:

"Gratidão, Grande Espírito, Grande Mistério, Grande Vazio, pela vida, pelo corpo, pela saúde, pela jornada, pelo aprendizado, pela sabedoria e pela consciência. Gratidão pela família, amigos, amigas e bens materiais, que não são meus, mas que estão à minha disposição neste momento. Gratidão aos quatro elementos (terra, ar, água e fogo), pelo auxílio na limpeza externa. Gratidão aos Seres de Luz, pelo apoio na limpeza interna.

Que assim seja e assim é minha nova realidade."

Reflexões inspiradoras

Aquilo ou aquele que tem matéria é limitado. Aquilo ou aquele que tem nome é limitado também. A não matéria, o não nome é a essência do Grande Vazio. Os corpos que a limitam são apenas veículos temporários, necessários durante o caminho até destino primordial.
#acaminhodoplenovazio

Bem, meu plano para esta jornada é viver conscientemente, dignamente, intensamente cada processo respiratório.
#opranalhedáasas[111]

Cuidado com pessoas felizes, pois elas podem conquistar teu coração sutil e transformar tua vida. Persistindo os sintomas, entre em estado de gratidão e transborde luz por todos os poros.
#oministériodaalegriaadvertealuzinternacura

Diz a "linda" que, se você colocar um sorriso no rosto, todos os dias logo ao acordar, você e o Universo serão mais felizes.
#kibomfazomelhorsorriso

Em terra de cego quem tem um olho certamente não provocou a ira da dona da pua.
#alguémfuroumeuterceiroolho

Fez sentido para você e teu coração sutil vibrou de alegria? Então, aceite e internalize. Não fez sentido e teu coração sutil não vibrou? Então, sem culpa, descarte e vire a página.
#vaisobrarmaisespaçoaquidentro

---

[111] LEAL, 2008, p. 25: "Prana é força vital, a qual tem uma relação direta com a respiração e é acessível por meio dela".

Geralmente, o sofrimento é quem limpa nossa casa e resgata nossa dignidade. Esse sentimento cria as condições necessárias para que nos tornemos mais verdadeiros/as.

#pranãodizerquenãofaleidador

Haverá um momento em que, plenamente lúcidos, transmutaremos nosso Ser em vazio, e aí nos tornaremos unos com Deus.

#paiaproximademimestecálice

Instigado pela quietude, devaneei sobre o amor. Ah, o amor! Será possível mantê-lo e nutri-lo, mesmo sem a presença física? Será possível experimentar o sentimento, abandoná-lo e ele continuar existindo? Sim, creio ser possível, pois ele é transcendente e até confunde a gente.

#amaréumacoleçãodetirinhasdejornal[112]

Jocosamente, somos como um tubo de creme dental apertados e espremidos constantemente pelos obstáculos, problemas e desafios. Ao longo da jornada as experiências vão extraindo de nós a essência que nos habita. Depois de cada jornada, somos reciclados pelo Universo, para então renascer e seguir o caminho.

#otempopassaotempovoa

Kara, você precisa conhecer Bardo Thodol.[113] Ele é incrível, uma viagem fantástica para outra dimensão. Podemos ficar horas refletindo sobre tudo o que tem lá... E meu amigo, mais do que fora da casinha, me fala: *Hoje, não vai rolar. Estou sentindo uma dor de cabeça horrível e ir até um bar é a última coisa que pretendo. Mas diz aí, onde fica o bar e quem é Thodol?*

#nãolanceisporcosàspérolas

---

[112] Kim Casali é uma cartunista neozelandesa que criou *"Love Is"* — Amar é... em 1960.

[113] Bardo Thodol: livro que contém a sabedoria tibetana sobre a vida e a morte.

Leis são importantes e duas delas me fazem sentir um verdadeiro ioiô: a lei da gravidade, que me puxa para baixo, e a lei da espiritualidade, que me puxa para cima.
#paraoaltoeavantesemasmãosclaro

Muda teus pensamentos negativos, destrutivos, limitantes e pessimistas. Cria pensamentos positivos, construtivos, criativos e otimistas. Assim, magicamente, mergulhará em outra dimensão, outra realidade.
#trocaestacascaevai

Nascemos para ser velas; acesas, é claro. Para que ao longo da jornada nossa luz ilumine nosso caminho e também o da humanidade. Acenda tua Divina chama interior; do contrário, morrerás infeliz, sozinho e anônimo.
#cadêoisqueiroqueestavaaqui

Ontem passei na frente de uma famosa balada em Curitiba. Na fila, havia várias meninas de miniblusa, minissaia e minicérebro. E também vários meninos com grandes máquinas, grandes músculos e grandes egos.
#éocarrodepamonhasqueestápassandofreguesia

Para encontrar tua Alma gêmea, conecte-se com a Sagrada dimensão do teu coração sutil. É lá, onde tua porção masculina e feminina se entrelaçam, que ela reside.
#eestavaaquidentrootempotodo

Quer emagrecer? Então, adote o conceito da metade: coma a metade, beba a metade, gaste a metade, surte a metade, seja a metade.
#sejasótuametadeboa

Respiro; logo, encarnado, existo.
#shakespearequemeperdoe

Se a ideologia de esquerda fosse uma coisa boa, "direitos humanos" seriam chamados de "esquerdos humanos".
#nossafaztodosentido

Tentar controlar a vida causa dor nas articulações, principalmente nas vértebras. Então relaxe, pois é impossível controlar o incontrolável.
#vendocontroleremotoseminovo

Uma pessoa "sega" para a democracia é alguém que deliberadamente faltou às aulas de português.
#saudadedeprofessoreseprofessoras
Verdade, nem que doa, sempre e o quanto antes.
#averdadenossadecadadia

Wando é um poeta mineiro, autor de vários clássicos da música popular brasileira e criador do mais efetivo método terapêutico feminino, designado "jogando a calcinha".
#aqueleamorfilhodaputamedeixou

Xodó homeopático: encontrar, desejar, conquistar, encantar, amar, exaltar, respeitar, doar, compartilhar... esgotar, murchar, encerrar, distanciar, registrar, recomeçar.
#umxodópramimdomeujeitoassim

Yin (noite, lua, passividade) e Yang (dia, sol, atividade) são conceitos do taoísmo que nos ajudam a compreender a dualidade do todo manifestado. Os seres humanos desde sempre buscaram fora o que já está dentro deles. Porém, a busca passará necessariamente por diversos caminhos em diversas jornadas existenciais.

#caminhandoecantandoeseguindoocoração

Zen é o que há: sento à beira do caminho, respiro profundamente gratidão e contemplo a melodia do viver e morrer. Conectado à divindade que habita em mim, sigo desapegando, em direção à Tenda do Céu.[114]

#fazendoacurvacomalegriaparaaluz

---

[114] SAMS, 1993, p. 196: "Último rito de passagem realizado pelos membros da Tribo".

CAPÍTULO 5

Sublimação

Processo vinculado ao elemento éter, ao sexto chakra (frontal), à saúde e bem-estar, audição, equilíbrio, harmonização, espaço, vazio, nada, consciência, criatividade, ao invisível sutil que tudo permeia.

Os textos refletem a integração harmônica e plena das dimensões humana, física, etérica, emocional, mental e espiritual.

reflexão proposta
*Só por hoje é em mim:
a calma da harmonia,
a confiança na Divina ordem,
a gratidão pela existência,
a honestidade no servir,
a bondade do perdão.*

Princípio essencial

Banhado pelas labaredas de perfumadas velas, abraçado à solidão e a sentimentos dolorosos, deitado sobre a velha cama e acolhido pelo desespero, conscientemente saltei de meus corpos em direção à lua, buscando algum alento.

Minha Alma transpassou, então, o corpo físico, o etérico, o mental, o emocional e o espiritual, desapegando-se totalmente da matéria, atingindo um estado de solitude profundo... mais profundo... plenamente profundo.

Sentindo o pulsar da **numinosa e singular semente**, o princípio essencial de cada ser humano, lentamente abri os olhos internos e percebi que tudo era silêncio... que tudo era paz... que tudo era luz... Nesse estado, foram-me revelados os seguintes ensinamentos:

"- A alegria mais abundante que um ser humano pode experimentar é a de pertencer à Sagrada dimensão;

- A força do bem habita eternamente cada Ser, basta conectá-la para construir uma vida plena de amor e felicidade;

- Quer evoluir? Então, respeite-se e respeite todos os seres: minerais, vegetais, animais, humanos e de luz. Caso não aceite o respeito como um de teus principais valores, você será apenas mais um rosto bonito feminino ou um corpo sarado masculino, vagando vazio na multidão;

- Nunca desista de procurar algo melhor e que possa agregar valor à tua existência, pois é isso, e apenas isso, que levará desta jornada;

- Sendo as "dores" criadas individualmente a partir de experiências vivenciadas, elimine-as simplesmente vivendo intensa e conscientemente o aqui e agora;

- Se ainda não se repaginou, não fez a passagem desta para outra dimensão, é porque ainda tem algo a aprender nela, algo a compartilhar ou algo a vivenciar; - Muita Alma nesta calma!

- Você é uma Divina consciência. Que tal ganhar estrelinha dourada nesta jornada, sendo você mesmo todo tempo, em todo lugar?

- Cada pensamento criado contribui para a construção de uma verdade ou de uma ilusão. Um pensamento neutro é impossível de ser criado; portanto, recomendo que qualifique teus pensamentos;

- Antigamente as cargas eram transportadas por carroças puxadas por bovinos, também conhecidas por "carros de boi". Quanto menos carga levavam, mais barulho faziam quando passavam. Sejamos, portanto, pessoas silenciosas — aquelas que, por possuírem conteúdo, experiência e sabedoria, pouco falam e quando falam o fazem em baixo volume;

- Dentro de cada um, de cada uma, existem venenos e antídotos. Cabe a nós decidir com qual elemento construiremos nossa realidade. Lembre-se, se optar pelos venenos, não reclame quando a Divina ordem arremessar pedras em tua vidraça conformista, comodista e egoísta;

- Simplicidade, uma das principais e pouco valorizadas características de Deus, e por meio dela sempre chegaremos a Ele;

- Para que o novo possa nascer em nós, algo velho precisa morrer, é a Divina ordem do equilíbrio, da harmonia. Liberte-se agora do rancor, mágoa, raiva, dor e sofrimento, por meio da energia curativa do perdão, e crie espaço para que uma nova e mais leve realidade se instaure em você;

- Por meio do estado de sublime solitude[115] encontraremos o caminho para a **numinosa e singular semente** *que habita nosso Ser;*

- Retorne sempre que desejar.

Namastê!"

Despertado pelo toque sutil de uma brisa quente em meu rosto, tomei consciência de que o envio das informações celestiais havia cessado.

Um esplendoroso sentimento de amor e alegria preencheu meu Ser. Lágrimas internas de gratidão brotaram de minha Alma, as quais foram transmutadas e materializadas pelo meu coração sutil, em intermináveis lágrimas e sorrisos de gratidão.

---

[115] OSHO. *O Tarô Zen: o jogo transcendental do Zen.* São Paulo: Cultrix, 1994, p. 41: "A presença de si mesmo, positiva e transbordante".

Bom dia, com alegria

Contemplando a vida e enaltecendo o existir como ser humano, agradeçamos pelo novo dia que inicia:

Bom dia
Bom dia
Bom dia
Vou seguindo com alegria,
conectado com a harmonia.

Bom dia
Bom dia
Bom dia
Vou seguindo em harmonia,
conectado com a alegria.

Bom dia
Bom dia
Bom dia
Vou ampliando minha energia
e agradecendo ao sol que não produz sombra,
pela companhia.

Você coisou meu coração

O amor era noite e eu estava breu,
era sonho e eu estava pesadelo,
era doce e eu estava fel,
era melodia e eu estava caos.

O amor era vinho e eu estava seco,
era chocolate e eu estava amargo,
era agora e eu estava ontem,
era humano e eu estava pó.

O amor era brasa e eu estava gelo,
era montanha e eu estava queda,
era senhor e eu estava escravo,
era horizonte e eu estava nó.

O amor era manhã e eu estava sombra,
era cisco e eu estava lágrima,
era silêncio e eu estava grito,
era você e eu estava ego.

Então, você coisou meu sutil coração...

O amor passou a ser dia e eu sol,
a chuva, gotas e eu oceano,
o vento, brisa e eu asas,
o Sagrado, sublime e eu luz.

Pai na Terra

Amado Pai na Terra, gratidão, pela vida e por assumir a árdua responsabilidade de conduzir-me sempre pelo caminho do bem.

Gratidão, por me apresentar a honestidade, a humildade, a caridade, a gentileza e a espiritualidade, valores que cultivo e repassei para meus filhos e netos.

Gratidão, por ser o porto seguro durante os momentos de turbulências, insegurança, impaciência e imaturidade.

Gratidão, pelos ensinamentos compartilhados, os quais, na maioria das vezes, foram transmitidos em silêncio, apenas com verdes olhares e doces sorrisos.

Gratidão, por colocar à minha disposição o melhor do teu coração sutil, da tua Alma pura e da tua humanidade luminosa.

Gratidão, pela coragem de demonstrar eventuais fraquezas, pois a partir delas me fortaleci.

Gratidão, pela confiança em permitir que eu cuidasse de teus corpos físico, etérico, emocional, mental e espiritual, quando necessário.

Gratidão, pela oportunidade de me conectar com o que tenho de mais amoroso e Sagrado e demonstrar ainda em vida o meu amor por você.

Gratidão, pois teu sangue corre em minhas veias, tuas virtudes fazem parte de mim e teu exemplo é um dos principais pilares de minha existência.

Perdão, por demorar tanto tempo para perceber e reconhecer o quão grande é teu amor por mim e o meu amor por você.

Continuamos em contato...

Caso você tenha alguma questão importante com teu Pai ou Mãe na Terra, recomendo que insufle teu coração sutil com perdão e compaixão e chame-o ou chame-a para conversar. Com muito respeito e carinho, esclareça o quanto antes o que quer que seja e depois abrace-o, abrace-a demoradamente. Certamente, ele ou ela lhe deram o que tinham de melhor, assim como você dará o melhor que tem para teus filhos... Que a paz abençoe tuas relações.

Múltiplas camadas do mesmo eu

Eu existência,
Eu consciência,
Eu dualidade.

Eu filho,
Eu pai,
Eu avô.

Eu irmão,
Eu amigo,
Eu amante.

Eu éter,
Eu matéria,
Eu mental,
Eu emocional.

Eu espírito,
Eu sutil,
Eu integral.

Eu tudo,
Eu nada,
Eu essência virtuosa.

Revisitando ancestrais

Minha segunda experiência com o Peiote,[116] bem diferente da primeira, trouxe-me alegria, conforto e a certeza de que o vínculo com nossos ancestrais persiste, independentemente da dimensão na qual estejamos presentes e conscientes.

Durante um evento xamânico, além da construção do tambor pessoal de poder, foi-nos ministrada a bebida com o propósito de ampliação da consciência e conexão com energias e informações sutis. Meu processo foi fisicamente tranquilo; porém, a experiência de revisitar meus avós paternos e maternos, e ainda um pet querido, foi inesquecível. Após ingerir a segunda dose da bebida, sentei no chão de madeira e escorei as costas numa parede, também de madeira. Assim, acolhido pela irmã terra, fechei os olhos, relaxei profundamente:

Percebi minha essência se desconectando lentamente de meu corpo físico. A viagem havia iniciado e, em um primeiro momento, apenas um profundo e interminável breu habitava minha visão interna.

Permaneci calmo, consciente e tranquilo, ouvindo as batidas de meu coração e os sussurros da intuição dizendo: aguarde, em alguns instantes, uma experiência importante terá início.

Ao longe, enxerguei lampejos alaranjados, o que mais tarde se transformaria em imensas labaredas de uma imponente fogueira central. Decidi, então, caminhar em direção a eles.

Já bem próximo da fogueira, notei dois vultos bastante familiares — eram meus Avós paternos. Abraços, beijos, largos sorrisos se fizeram presentes e lágrimas transbordaram de meus "olhos

---

[116] SAMS, 1993, p. 78: "Cacto identificado como Mescalito, usado em rituais para se ver além do Vazio e visitar o Acampamento do Outro Lado".

físicos". Após o reencontro, meus avós se posicionaram do meu lado esquerdo e continuamos caminhando em direção à fogueira.

Não demorou muito para que mais dois vultos familiares se aproximassem. Na verdade, eram três, pois o querido cãozinho Tupi estava com eles — eram meus Avós maternos. Novamente a alegria contagiou a todos. Fizemos outra pausa para abraços, beijos, sorrisos e cafunés no Tupi. Meus Avós maternos se posicionaram do meu lado direito e continuamos a caminhada até a fogueira.

Que felicidade revê-los. Percebi que, até aquele momento, não havíamos trocado uma palavra sequer. Compartilhávamos apenas olhares e sorrisos. Pensei comigo: nesta dimensão a comunicação é feita por meio do coração sutil, dos sentimentos. A voz e as palavras não são necessárias aqui.

Como eu estava naquele local temporariamente, meu Avô paterno sugeriu a formação de um círculo e assim verbalizou: Querido neto! Por muito tempo aguardamos tua chegada. Temos acompanhado com satisfação teu desenvolvimento espiritual na Terra. Estamos todos bem e pedimos que compartilhe tua experiência com nossos entes queridos, para confortá-los. Você agora sabe o caminho até aqui e será sempre bem-vindo.

Depois disso, minha Avó materna se aproximou e docemente falou: Esta roupa, bermuda e camiseta, não é apropriada para celebrarmos este momento. Venha comigo, pois confeccionei um traje xamânico para você, o qual ressaltará a força e o poder do guerreiro que habita tua essência.

E assim, com honra e respeito, vesti o lindo traje confeccionado por ela com amor e carinho. Em minha memória ainda guardo o momento dela sorrindo, me abraçando e ajeitando o traje no meu peito. Impossível descrever em palavras tanta emoção.

Retornamos, então, à fogueira central, onde meus outros Avós e o Tupi nos aguardavam. Permanecemos ao redor dela por muito tempo, em total silêncio, mas nossos corações tagarelaram intensamente e informações relevantes foram compartilhadas. Não queria retornar, pois me sentia pleno e feliz.

Mas toda vivência tem um tempo específico e logo o irmão fogo foi reduzindo a luminosidade — era o sinal de que a experiência estava se encerrando. Novamente nos abraçamos, nos beijamos e lentamente retornei pelo mesmo caminho que me levou até lá.

A vivência teve aproximadamente três horas de duração, mas a sensação foi de que eu havia ficado com eles um dia inteiro.

A casa mágica

Quando garoto, tive a bênção de conhecer uma "casa mágica". Nela moravam três pessoas também mágicas: meus avós paternos e o filho mais novo deles, meu tio. A casa transbordava amor, carinho, afeto, simplicidade, respeito, alegria, humildade, confiança, sabedoria e muito acolhimento.

Na cozinha, ao lado do fogão à lenha, havia um "caixote de madeira", onde eu adorava ficar sentado e conversando com eles. Muitas vezes ajudei meu avô a carregar pedaços de lenha e colocá-los dentro dessa caixa. Minha avó tinha um outro fogão a gás, mas era no fogão à lenha que fazia poções mágicas: polenta branca cortada com fio de linha (brigávamos pela casquinha que ficava grudada no fundo da panela de ferro), frango caipira ensopado, carne de panela e pinhão assado.

Meus avós tinham latas imensas e coloridas de arroz e feijão, onde escondiam coisas de valor e também usavam como cadeiras para netos e netas, durante os alegres e barulhentos almoços de domingo.

Algumas vezes passava o fim de semana com eles, e jogar escopa (jogo de cartas de origem italiana, que tem como objetivo somar 15 com uma carta da mão e as cartas da mesa) era obrigatório, após o almoço ou jantar. Lembro que Avó Rosa era imbatível nas contas de cabeça e ganhava com frequência. O que ela não sabia é que o maior vencedor sempre fui eu, pois durante as partidas recebia dela inesquecíveis piscadas de olhos azuis, tenros sorrisos e importantes conselhos, que ainda hoje são pilares em minha vida.

Ir ao açougue com Vovô Machado era só felicidade e o convite mágico era sempre assim: "Você quer ir comigo até o açougue, comprar um "pouquinho" de carne?".

E olha: era um pouquinho mesmo, pois a aposentadoria dele era pequena. Eu caminhava ao lado dele todo orgulhoso, pois todos que encontrávamos paravam para conversar e demonstrar respeito e admiração para com ele. Ele realmente era muito carismático.

Na casa mágica, havia também alguns lugares sinistros. Um deles era o "porão" — escuro, úmido e cheio de teias de aranha que grudavam na roupa e no cabelo quando lá íamos brincar. Ir até lá era uma forma de demonstrar coragem, para minhas nove primas, quando nos encontrávamos. Era sempre um desafio buscar lenha no porão, para acender o fogo para a próxima refeição.

Outro lugar que considerávamos sinistro na época era o "paiol" — mal-assombrado e fazia barulhos estranhos à noite. Mais tarde fui entender que dentro dele havia um poço, por isso criaram os fantasmas e os barulhos estranhos para proteger netos e netas que, sempre muito curiosos, perambulavam por ali.

Convivi bastante com Tio Gil. Saíamos frequentemente para passear, viajar, conversar e até jogar futebol. A marca registrada dele era enfiar o dedo indicador na minha orelha, quando eu estava distraído, particularmente durante as refeições. Dávamos muita risada e era tão bom perceber e receber carinho. Eu o considero como um de meus mestres, pois garotos precisam, além do pai, de outras boas referências masculinas, para forjar a personalidade com base em bons valores e princípios.

A casa mágica era meu refúgio e Tio Gil foi muitas vezes meu salvador. Certa vez, tirei zero em uma das provas colegiais, corri então para a casa deles, com medo da surra que certamente levaria de minha mãe. Naquele dia, esperei até ele chegar à noite, para então me levar para casa e, é claro, escapar da surra.

No espaço mágico, nem tudo era alegria, nele recebi algumas dolorosas lições de vida e de morte:

> - *Em uma tarde quente, fiz de um dos galhos do araçá uma atiradeira para matar passarinhos. De tanto tentar, uma hora consegui acertar um pardal. Quando ele caiu no chão, o juntei e fui mostrar para meu avô. Ele olhou a ave, verificou se estava realmente morta, respirou profundamente, me olhou com tristeza e disse: Muito bem, você o matou. E agora: o que vai fazer com ele? Eu queria sumir naquele instante, pois o prazer de tê-lo matado deu lugar a um sentimento infinito de vergonha e culpa. Respondi, sem graça: Vovô, não sei o que fazer com ele. Ele, muito firme,*

concluiu: Bem, espero que tenha aprendido a lição e nunca mais mate um pássaro ou qualquer outro animal. Jogue ele atrás da cerca, que logo um gato irá devorá-lo. Obedeci imediatamente e nunca mais repeti a crueldade.

- Outra experiência importante foi quando ajudei meu avô a cercar uma das galinhas dentro do galinheiro. Depois ele a levou até debaixo de uma laranjeira e com muita calma lhe cortou o pescoço, usando uma faca afiada e uma tigela de inox que havia preparado, antecipadamente. Foi a primeira e última vez que o acompanhei naquele ritual, pois, segundo meu avô, se sentimos pena, a ave demora mais para morrer.

Vovó Rosa tinha também uma horta mágica, onde frequentemente netos e netas colhiam couve e cenoura fresquinhas da terra para comer. Não usavam agrotóxico e o carinho com que plantavam e cuidavam deixava os alimentos com um sabor inigualável.

No fundo do quintal da casa, havia uma "figueira mágica", de cujos frutos minha avó fazia compotas dos deuses. Lembro dela sentada ao lado de um balde imenso de inox, com os dedos protegidos por esparadrapo, descascando figos com muita paciência.

Doces memórias de uma infância sadia e transformadora...

Guerreiro da luz

Dentro de cada um habita a Centelha Divina, ou seja, a conexão do Ser com o Grande Mistério. A partir dela é possível emanar luz e transmutar toda sombra em paz, toda doença em cura e todo caos em harmonia:

Reluz
Reluz
Emanando luz
do sutil coração.

Reluz
Reluz
Jogando luz
na densa situação.

Reluz
Reluz
Transmutando
a tentadora ilusão.

Reluz
Reluz
Gratidão
Divina solução.

Presente diferente

Eu já residia na Flórida quando vivenciei um dos momentos mais incríveis e inesquecíveis de minha jornada.

Minha maninha morava no Brasil e na época cuidava de meus Pais. Era seu aniversário e percebi pelas mensagens que o fardo que carregava estava quase insuportável. Decidi então lhe dar um presente[117] de aniversário diferente. Segue parte do áudio que enviei para ela:

> "Oi, Maninha, receba agora teu presente de aniversário:
> Senhor, fazei de mim um instrumento de vossa paz.
> Onde houver ódio, que eu leve o amor.
> Onde houver ofensa, que eu leve o perdão.
> Onde houver discórdia, que eu leve união.
> Onde houver dúvida, que eu leve a fé.
> Onde houver erro, que eu leve a verdade.
> Onde houver desespero, que eu leve a esperança.
> Onde houver tristeza, que eu leve alegria.
> Onde houver trevas, que eu leve a luz.
>
> Senhor, fazei que eu procure mais:
> consolar que ser consolada;
> compreender que ser compreendida;
> amar que ser amada.

---

[117] Oração publicada pela primeira vez em dezembro de 1912, na "La Clochette", como "Petite revue catholique pieuse" pelo sacerdote e jornalista Esiher Suquerel. Fonte: FrateFrancesco.org.

Pois é dando que se recebe,
é perdoando que se é perdoada,
e é morrendo para este sistema
que se vive para a vida eterna.

Amém!

Sinta neste momento o Grande Espírito transmitindo para você a Sagrada energia em forma de compaixão e compreensão, pois quem te agride hoje, não suporta o brilho emitido pela tua Alma; pelo teu coração sutil — que é só amor, só carinho. Parabéns por ser quem tu és e saiba que é uma honra compartilhar esta jornada contigo.

Beijo do Mano"

O retorno de minha irmã:

- Este foi o meu melhor presente que já recebi de aniversário.

Por um bem maior

Há muito tempo, frequento sessões de massoterapia; porém, apenas há alguns meses me foram reveladas informações e imagens sobre algo incrível que aconteceu comigo, em alguma de minhas jornadas anteriores.

Pequenos fragmentos e apenas durante as sessões foram sendo disponibilizados. Aos poucos, constatei que tais informações eram complementares, ou seja, estavam relatando uma experiência vivenciada por mim há algum tempo. Percebi ainda que os conteúdos de memória eram liberados apenas quando a terapeuta tocava pontos específicos em minhas costas, o que gerava algum desconforto e até leve dor.

Seguem detalhes do que me foi revelado até o momento:

A experiência ocorreu em uma sala pequena, úmida, sem janela e iluminada apenas por pequenas tochas. A imagem recebida remete a algo parecido com um calabouço, uma masmorra medieval.

No centro da pequena sala, havia uma pedra redonda, a qual ocupava grande parte do espaço e tinha uns 15 cm de altura. Sobre a pedra, uma estrutura de madeira em "formato x" foi fixada, sendo as duas pilastras presas por grandes laços de grossas cordas. Ambas as pilastras estavam chumbadas no chão, de alguma forma.

No momento, além de mim, havia outras duas pessoas: uma na minha frente, um ser masculino, um mago, que trajava túnica cinza com símbolos na cor preta e que conduzia o ritual. Atrás de mim, um ser feminino, uma sacerdotisa, que trajava túnica branca com detalhes na cor violeta e que me apoiava com mantras, orações e palavras de poder e acolhimento.

Eu estava amarrado de frente para as pilastras com os braços abertos, descalço e vestindo apenas um pequeno calção cor de areia. Em minhas costas, havia longas, cintilantes e inquietas asas — em virtude do que estava para acontecer.

O ritual a ser realizado era a extração de minhas asas por meio de um equipamento de metal prateado, específico para aquele propósito. Tal equipamento, eu sabia, era cirúrgico na ação, pois evitava dor e hemorragia excessiva.

Neste momento, você pode estar pensando: mas por que ele permitiu que lhe cortassem as asas?

Então, naquela época frequentemente eu visitava a terceira e atual dimensão estabelecida no planeta Terra e observava o comportamento de diversos seres humanos. Algumas atitudes eram, e ainda são, totalmente deprimentes e desprezíveis. Quando observava as crianças, porém, sentia uma felicidade imensa, mas tão grande que fui conversar com o Absoluto sobre a possibilidade de vivenciar mais intensamente e humanamente aquele sentimento.

O Absoluto sussurrou em mim: Thon, o que está vislumbrando em teu íntimo é chamado na Terra de sensação, sentimento, emoção e amor. Para que tenha uma experiência mais intensa, terá que "cortar as asas", "encarnar num corpo físico" e "constituir uma família". Só assim aquietará teu coração sutil. Você está disposto? Respondi sem hesitar: Amado, se essa é a condição, eu estou pronto. Mas, para isso, vou precisar da ajuda de meus irmãos Mago e Sacerdotisa. Poderia, por favor, alocá-los para conduzirem o ritual?

Sorridente, Ele falou: Querido, se esse é teu Divino desejo, assim será feito. Prepare-se, pois o ritual ocorrerá ainda esta noite e teus irmãos estarão lá com você.

No momento da extração, sentia-me calmo e consciente, pois, além de ser por um bem maior, realizaria um desejo profundo, nascido do amor incondicional. Estava também bastante confiante, pois cultivava pelo Mago um sentimento de respeito e da Sacerdotisa tinha a certeza de apoio na Terra, sempre que precisasse. E assim, eu em pleno estado de gratidão, permiti o corte de minhas asas.

Algum período de tempo depois, encarnei, constituí família, geramos um casal de filhos abençoados e destes foram gerados dois netinhos e uma netinha — razão do meu amor maior.

Eu Sou

Eu Sou
a manifestação da Divina perfeição de meu Criador.

Eu Sou
a manifestação da Sagrada paz vinda de meu Criador.

Eu Sou
a manifestação da Sublime bondade de meu Criador.

Que assim seja e assim é minha nova realidade.

O Sagrado é em mim

Sol,
irmão Sol,
o poder é em mim.

Lua,
irmã Lua,
a intuição é em mim.

Pedra,
irmã Pedra,
o conhecimento é em mim.

Bambu,
irmão Bambu,
a flexibilidade é em mim.

Terra,
irmã Terra,
a força é em mim.

Vento,
irmão Vento,
o movimento é em mim.

Chuva,
irmã Chuva,
a fluidez é em mim.

Fogo,
irmão Fogo,
a transmutação é em mim.

Tempo,
irmão Tempo,
a impermanência é em mim.

Mente,
irmã Mente,
a criatividade é em mim.

Jornada,
irmã Jornada,
a dualidade é em mim.

Sentimento,
irmão Sentimento,
a emoção é em mim.

Vida,
irmã Vida,
a existência é em mim.

Semente,
irmã Semente,
a descendência é em mim.

Amor,
irmão Amor,
o Sagrado é em mim.

Nada,
irmã Nada,
Grande Vazio é em mim.

Quarta razão do amor maior
(inspirado em Jacob, meu neto,
e na canção *Kiss the rain* de Yiruma)

0:00   E esta paz no olhar
só anjo pode explicar.
De onde vem esta luz
que a todos seduz?

0:16   Teu cheiro de neném,
toque angelical,
essência de mel,
lua e sol.

0:31   Como vê-lo e não sentir
afeto no ar,
Divino carinho,
vontade de abraçar?

0:46   Tê-lo inteiro nos meus braços,
tocar suas mãos,
beijar sua
face e pés.

1:01   Vê-lo nascer,
vê-lo crescer,
vê-lo aprendendo o bem e a engatinhar também.

1:15   Vê-lo brincar,
         vê-lo correr,
         é tão bom,
         vê-lo aprendendo a falar sem parar...

1:30   Uma linda oração
         se faz presente, então.
         Tua energia e calor
         transbordam amor.

1:45   Um baby que do céu
         veio nos mostrar
         que o Sagrado
         é a verdade.

1:59   Conectados a Deus,
         pois vida nova há,
         cuidá-la dia a dia,
         ser Mãe e ser Pai.

2:13   A bênção recebida,
         muito celebrada.
         O presente é
         Jacob, aqui.

2:28   Vê-lo nascer,
         vê-lo crescer,
         vê-lo aprendendo o bem, riscos e rabiscos também.

2:43   Vê-lo brincar,
vê-lo correr,
é tão bom,
vê-lo aprendendo a dançar e a cantar...

2:57   Fotos congelam o agora,
interesses,
preferências.
Alegria e lambanças,
tua tenra infância.

3:11   Som, imagem e ação.
Gestos e
contemplação.
Surpresas
e emoção.

3:26   Fruto abençoado,
menino dourado,
nascido do desejo;
vida longa e feliz.

3:41   Ser iluminado,
nos trouxe a graça,
a temperança
e o amor.

3:57   Temperança
e o amor.

Quinta razão do amor maior

(inspirado em Lunna, minha neta)

Passeando calmamente pelos lindos e brilhantes campos do Céu, Lulu, ainda uma anjinha, pensava sobre como seria a jornada no planeta Terra. Ela se preparava para a importante viagem e todos os dias conversava algumas horas com Deus sobre o assunto. Juntos, analisavam casais com potencial para acolhê-la e ajudá-la em seu processo de evolução espiritual.

Certa manhã de primavera, Deus percebeu Lulu um pouco preocupada e chamou-a para conversar... Ela chegou, sentou-se em um dos degrauzinhos da imensa escada de mármore branco e, com o semblante tristonho, falou:

"Papai do Céu, não entendo por que os Seres de Luz se tornam egoístas, agressivos e esquecidos da essência virtuosa que possuem, depois que se materializam no planeta Terra.

*Deus, então, assim explicou: Querida Lulu, os Seres de Luz passam por uma grande e necessária transformação, durante a viagem para a terceira dimensão. Para que consigam habitar um corpo humano, necessitam reduzir a energia vibracional e esse processo faz com que algumas virtudes inerentes ao Céu sejam apagadas temporariamente da memória. Elas, porém, permanecem armazenadas em cada **numinosa e singular semente** e poderão ser acessadas por eles quando se deixarem conduzir pelo seu coração sutil.*

Este, na verdade, Lulu, é o grande aprendizado deles: resgatar, a partir da decisão individual e consciente, as virtudes e qualidades que não são naturalmente valorizadas naquele local. Lá, qualidade, virtudes e valores estão invertidos. A sombra parece possuir o domínio, mas isso é só uma ilusão que criei, para qualificar um pouco mais o processo evolutivo individual.

Sendo assim, quem enxergar com os olhos do coração sutil enxergará a verdade. Quem falar o idioma do coração sutil falará a verdade. Quem ouvir com os ouvidos do coração sutil ouvirá a verdade. Assim é a Divina ordem que criei, a qual rege todo o Universo manifestado e o não manifestado.

Maravilhada com as explicações, Lulu sussurrou: Agora entendi, Papai do Céu, e quero, sim, realizar a viagem."

Usando a poderosa intuição, Lulu foi cativada por um dos casais estudados e sentiu no coraçãozinho que eles seriam pais ideais para acolhê-la e apoiá-la durante a jornada no planeta Terra.

Porém, havia um problema: eles se conheceram recentemente e estavam ainda na fase de namoro. Papai do Céu, percebendo a importância da situação, interveio no processo fazendo com que viajassem sozinhos, namorassem intensamente e, assim, abrissem o portal para Lulu descer e nascer.

A surpresa foi imensa para eles e para as famílias envolvidas, menos para o Vovô do Brasil, que entendeu tudo e já conversava com Lulu durante o processo de gestação.

Antes de nascer, inclusive, em virtude de um probleminha de logística interna, Lulu enviou uma mensagem para o Vovô do Brasil avisando-o que o cordão umbilical estava enrolado no pescocinho e ela estava com muito medo de nascer. Vovô recebeu o recado e imediatamente avisou Mamãe. Ela, então, alertou a equipe médica e o parto foi realizado com muito cuidado e carinho, para não a machucar.

A conexão de Lulu com o Vovô do Brasil é muito forte e já ocorreram várias situações durante as quais não estavam fisicamente presentes, mas se ajudaram plenamente.

Vovô do Brasil agradece sempre a Deus em rezos e meditações pela Divina providência na hora do parto e à mamãe e papai de Lulu por abrirem o portal e a trazerem para nossa família.

Oração ao *Grande Espírito*
(releitura)

Grande Espírito que habita o todo, perdoa a raça humana, pois: ainda geramos crianças motivados apenas pelo prazer do sexo — felizmente elas retribuem com amor e carinho tais inconsequentes atos; ainda discriminamos os indivíduos pela cor, crença e posição social — felizmente muitos de nós insistimos em lutar corajosamente por um lugar ao sol; ainda matamos animais, vegetais e minerais por dinheiro — felizmente todos insistem em renascer.

Grande Espírito que habita o todo, abençoa a raça humana, pois: ainda despejamos bombas sobre pessoas em Teu nome — felizmente o coração sutil do homem de bem já percebeu o mal disfarçado nos discursos inflamados das sombras; ainda preferimos o êxtase das drogas a ceder aos encantos do pôr do sol — Tua obra felizmente **é admirada pelos puros de** Alma; ainda continuamos a poluir rios, mares e ar — felizmente a natureza tem combatido impiedosamente nossa estupidez.

Grande Espírito que habita o todo, sensibiliza a raça humana, pois: ainda não conseguimos dizer franca e honestamente "Eu Te Amo" — felizmente tudo está impregnado pelo Divino amor; ainda não trocamos programas de televisão pelo diálogo em família — felizmente, por mais que se desfaça, a essência humana é incorruptível; ainda não conseguimos compreender Teus ensinamentos calcados na paz e no amor — Tuas palavras felizmente continuam vivas em nossas almas.

Grande Espírito que habita o todo, gratidão:
pela possibilidade de evolução, por meio da Divina ordem de causa e efeito;
por compartilhar e manter este planeta-escola;
por insuflar na raça humana uma Centelha Divina;
pela dádiva da vida, da existência e da consciência;
por todas as relações...

Entre 2 suspiros

[...] Minha Alma é de outro lugar,
tenho certeza disso, e pretendo acabar lá.
Jalal din Rumi[118]

Inspirado pela Centelha Divina que habita em mim, registro alguns dos mais significativos aprendizados de minha atual jornada:

#primeiro-suspiro

Comecei onde tudo começa, ou seja, com um Sagrado sopro de vida. Iniciei a atual jornada no dia oito, do mês nove, de um ano ímpar, d.C. Após muito sofrimento para desapegar do corpo de minha mãe, fui acolhido, celebrado e admirado.

As feições no dia não eram as melhores, pois nasci por meio do uso da mais cruel tecnologia desapegativa da época — o fórceps. E isso doeu, doeu muito, doeu durante uma grande parte de minha jornada:

E imaginei o primeiro momento dos momentos.
E pensei no primeiro olhar dos olhares.
E sonhei com o primeiro beijo dos beijos.
E desejei o primeiro carinho dos carinhos.
E encarnei como primeiro filho dos filhos.
E sofri com a primeira dor das dores.
E inalei o primeiro ar dos ares.
E trilhei o primeiro caminho dos caminhos.
E senti o primeiro amor dos amores.
E contemplei a primeira inspiração das inspirações.

---

[118] ARRAIS, Rafael. *Rumi — A dança das almas*: poemas de Jalal ud-Din Rumi. São Paulo: Independently Published, 2013, p. 41.

E construí a primeira família das famílias.
E agradeci a primeira conquista das conquistas.
E realizei o primeiro sonho dos sonhos.
E chorei a primeira perda das perdas.

E desconstruí o primeiro pilar dos pilares.
E ressignifiquei a primeira crença das crenças.
E celebrei a vida.
E acolhi meu coração sutil.
E abençoei minha existência.

#respirando-um

Vivenciei intensamente todas as emoções e sentimentos durante estes setenta e cinco anos do tempo humano. Durante o período, celebrei a vida, a busca consciente da verdade, o prazer nas conquistas, o amor nas relações, a ética nas decisões, a procura e o encontro de minha Alma, o silêncio do nada imerso no tudo, a ausência de mim pelo outro, a gratidão do corpo e mente saudáveis, o êxtase na liberdade, o novo na respiração, a magia na comunhão com os cinco elementos e a conexão com o Sagrado:

Palavras registrei.
Sonhos concretizei.
Amores vivenciei.
Suspiros provoquei.

Músicas cantei.
Velas acendi.
Carinhos troquei.
Marcas deixei.

Detalhes contemplei.
Valores disseminei.
Crenças questionei.
Conexões qualifiquei.

Caminho: novo.
Busca: contínua.
Coração: sutil.
Alma: confiante.

#respirando-dois

Conscientizado de que se garimpar é a mais corajosa decisão e o mais Sagrado dos processos vivenciados por um ser humano, sorri luminoso. Conscientizado de que guardar mágoa envenena meus corpos e esconde a luz, a salvação e os milagres, sussurrei gratidão. Conscientizado de que o processo de desapego do aparelho corpo-mente é a preparação mais efetiva para uma passagem tranquila e em paz, exalei amor. Conscientizado de que não estamos presos às falsas leis do nosso ego, da nossa mente e do sistema vigente, contemplei liberdade:

Eu Sou amor
e compartilhar é em mim.

Eu Sou bem
e confortar é em mim.

Eu Sou caminho
e apoiar é em mim.

Eu Sou cura
e propagar é em mim.

Eu Sou luz
e ela é em mim.

Eu Sou perdão
e transmutar é em mim.

Eu Sou vida
e contemplar é em mim.

Eu Sou Eu Sou
e, ancorado, Ele é em mim.

#respirando-três

Conectado à Centelha Divina, transmutar-me-ei hoje, conscientemente. Vou para o "vazio", onde o tudo e o todo habitam e me aguardam. Vou para casa descansar meus corpos e minha essência. Vou, mas não vou de todo, pois as conexões estabelecidas nesta jornada permanecerão. Serei éter e beberei da pura água; serei tocado pelo Divino vento; contemplarei o Sagrado fogo; me deitarei na abençoada terra. Lá, sendo um com o Pai, ouvirei a canção dos anjos e me lembrarei de vocês...

Figura 7 – Um com o Pai

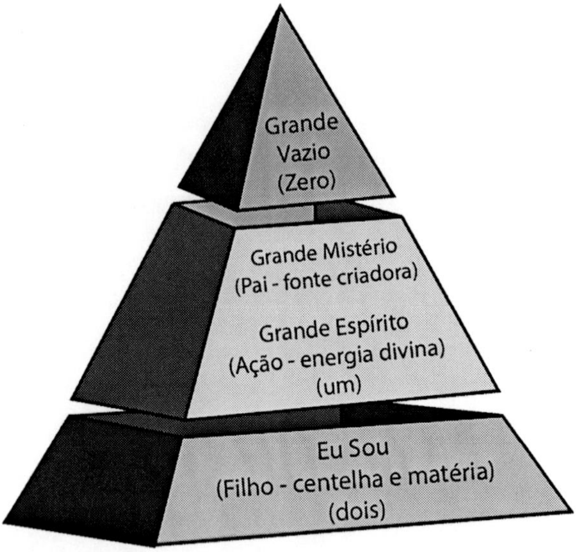

Grande
Vazio
(Zero)

Grande Mistério
(Pai - fonte criadora)

Grande Espírito
(Ação - energia divina)
(um)

Eu Sou
(Filho - centelha e matéria)
(dois)

Fonte: o Autor

#respirando-quatro

Vou contar um segredo: durante a jornada, quando menos me importei, muito mais feliz fui, muito mais paz senti, muito mais beleza enxerguei, muito mais amor compartilhei, muito mais a vida exalei.

Hoje, sentado à beira do caminho, contemplo erros e acertos. Consciente e ainda encarnado, imagino ser um "pássaro de prata" voando em direção à linha do horizonte, pleno, livre e ávido por trilhar os novos caminhos de existência:

> *"Eu*
>
> *quero encontrar*
>
> *a rosa dos ventos e me guiar.*
>
> *Eu*
>
> *quero virar*
>
> *pássaro de prata e só voar"*[119]

---

[119] Trecho da canção *Linha do horizonte*, composta pelo grupo Azymuth e lançada em 1975 (nota do Autor).

#respirando-cinco

A poesia é a linguagem da Alma: a delicadeza impressa, o oxigênio literário. A poesia é o sorriso da Alma: a melodia, o tom, a voz. A poesia é a imagem da Alma: a beleza, a energia, a essência sutil.

Por meio de poesias, registrei dores e amores, pois "a dor é um dos caminhos para o despertar e ampliação da consciência". Segundo Paulo Leminski, a dor também pode tornar um homem mais elegante:

"Um homem com uma dor
é muito mais elegante.
Caminha assim de lado,
como se chegando atrasado,
chegasse mais adiante.

Carrega o peso da dor
como se portasse medalhas.
Uma coroa, um milhão de dólares
ou coisa que os valha.

Ópios, édens, analgésicos
não me toquem nessa dor.
Ela é tudo o que me sobra.
Sofrer vai ser a minha última obra"[120]

#respirando-seis

Calma na Alma e na matéria, no coração sutil e na mente, na luz e na sombra, na saúde e na doença, na alegria e na tristeza, no amor e na indiferença, na verdade e na ilusão, na vida e na passagem, no despertar da essência, aqui e agora:

---

[120] Trecho de "Poema sem título", criado por Paulo Leminski em 1991 (nota do Autor).

Se esta vida, se esta vida fosse minha,
eu mandava,
eu mandava prolongar.
Com momentos,
com momentos amorosos.
Para cada,
para cada novo instante contemplar.

Cho, chuá,
cada dia da jornada.
Cho, chuá,
não me canso de exaltar.
Cho, chuá,
minha Alma é de luz.
Cho, chuá,
nunca deixo de brilhar.

#respirando-sete

Dentro de mim mora um Anjo — que tem a Alma plena, o sutil coração expandido, o amor compartilhado e o espírito em paz. Dentro de mim mora um Índio — que tem um sorriso na cara e deseja banhar-se, em forma de cinzas, nas águas límpidas do rio Mãe Catira em Morretes/PR. Retornarei minha "matéria" leve e transformada à Sagrada Natureza e minha "alma" livre e eterna, ao Grande Espírito:

"Abra que eu quero ver
esse céu azul.
Abra que eu quero olhar
esse mar do sul.

Abra que eu quero voar
o mais alto que eu puder.
Um dia eu vou sair
vou morar no ar"[121]

#último-suspiro

Compreendendo que minerais, vegetais, animais, humanos e Seres de Luz estão interligados, em breve poderemos estar compartilhando uma nova jornada.

O grande mistério da vida é sentir-se parte do Grande Espírito e perceber que esta é uma dimensão-escola, onde o caos atende a um Sagrado propósito, onde não possuímos nada além de nossa própria essência e onde viver no impermanente nos prepara para existir no Absoluto.

As relações e conexões são e sempre serão ferramentas poderosas que podem nos ajudar a despertar, auxiliar na limpeza externa e interna, a desapegar do corpo físico — o mais desafiador de todos os desapegos.

A bondade, compaixão, alegria e empatia constituem o cerne da consciência primordial, a qual nos ampara e fortalece durante cada jornada, durante nossa existência.

Registro aqui minha gratidão a todos os seres manifestados que conheci nesta jornada e meu até breve.

Ton,

(em silêncio, agora em outra dimensão)

---

[121] Trecho da canção *Vou morar no ar* composta por Casa das Máquinas e lançada em 1975 (nota do Autor).

Ancoramento

Fim desta viagem e na mochila, agora bem mais leve, mantemos apenas questões efetivamente nossas e essenciais para nosso desenvolvimento e evolução.

Este é o momento ideal para iniciarmos um processo de relaxamento interno e atracarmos em um porto de luz, que não é necessariamente material, porém o é verdadeiramente seguro:

> *Feche os olhos e traga sua presença para este "aqui e agora".*
>
> *Lentamente, leve as mãos postas até o coração sutil (chakra cardíaco).*
>
> *Visualize o Sagrado inundando sua **numinosa e singular semente**.*
>
> *Essa "Divina semente" é teu único e verdadeiro porto seguro.*
>
> *Em estado pleno de graça e confiança, permita-se ancorar-se nela.*
>
> *Permaneça nesse estado por alguns instantes e perceba a sensação de acolhimento e paz...*

Crendo amorosamente que Deus é um ponto de luz interior,[122] espero que o conteúdo deste livro tenha despertado ou fortalecido o Guerreiro da Luz, a Guerreira da Luz que habita em você.

Namastê!

---

[122] Bíblia Sagrada. Lucas 11-36: "Logo, se todo o seu corpo estiver cheio de luz, e nenhuma parte dele estiver em trevas, estará completamente iluminado, como quando a luz de uma candeia brilha sobre você".

Referências

ARRAIS, Rafael. *Rumi — A dança das almas*: poemas de Jalal ud-Din Rumi. São Paulo: Independently Published, 2013.

BACH, Richard. *Um*: uma surpreendente aventura através de mundos paralelos. Rio de Janeiro: Record, 2010.

BOURBEAU, Lise. *As cinco feridas emocionais*: rejeição, injustiça, abandono, humilhação e traição. Rio de Janeiro: Sextante, 2020.

DE' CARLI, Johny. *Reiki Universal*. São Paulo: Butterfly, 2014.

DE' CARLI, Johny. *Reiki*: Apostilas Oficiais. Instituto Brasileiro de Pesquisas e Difusão do Reiki. São Paulo: Isis, 2020.

CAMAYSAR, Rosabis. *O Caibalion — Os três iniciados*: estudo da filosofia hermética do antigo Egito e da Grécia. São Paulo: Pensamento, 2021.

CARVALHO, Olavo de. *O imbecil coletivo*: atualidades inculturais brasileiras. Campinas: Vide Editorial, 2021.

CHOPRA, Deepak. *A cura quântica*: o poder da mente e da consciência na busca da saúde integral. São Paulo: Best Seller, 1989.

CHOPRA, Deepak. *O efeito sombra*: encontre o poder escondido em sua verdade. São Paulo: Harper Collins, 2022.

CHUNG, Tom. *Qualidade começa em mim*: manual neurolinguístico de liderança e comunicação. São Paulo: Maltese, 1995.

DOKRAS, Uday. *The Complete Compedium of Mahalaxmi Katha*. Chennai: Laxmi Kovil Temple, 2020.

FUNDAÇÃO URÂNTIA. *O livro de Urântia*: revelando os mistérios de Deus, do Universo, de Jesus e sobre nós mesmos. Illinois: Editora Fundação Urântia, 2007.

GOMES, Francisco Magalhães. *Matemática Básica — Volume 1*: operações, equações, funções e sequências. Campinas: Editora UNICAMP, 2017.

JOHARI, Harish. *Chakras*: centros de energia de transformação. São Paulo: Pensamento, 2010.

KARDEC, Allan. *A gênese*: os milagres e as predições segundo o Espiritismo. Brasília: Editora FEB, 2013.

KRISHNAMURTI, Jiddu. *O libertador da mente*: preces e mensagens. São Paulo: Martin Claret, 1997.

KYOKAI, Bukkyo Dendo. *A doutrina de Buda*: sociedade para divulgação do Budismo. Tóquio: Sociedade para a Divulgação do Budismo, 1977.

LAD, Vasant. *Ayurveda — A ciência da autocura*: um guia prático. São Paulo: Ground, 2012.

LELOUP, Jean-Yves. *A sabedoria do Monte Athos*. Petrópolis: Vozes, 2012.

LEAL, Otávio. *O livro de ouro dos mantras*: um mestre de mantra e tantra ensina centenas de sons de poder. São Paulo: Ícone, 2008.

LOPES, Roberto. *O livro da bruxa*. São Paulo: Ediouro, 2003.

MACHADO, Ewerton Vieira. *Da normose ao sagrado*: o despertar da sagrada singularidade humana. Curitiba: Inverso, 2017.

MAGALHÃES, João. *O grande livro do Reiki*: manual prático e atualizado sobre a arte da cura, níveis 1, 2 e 3. Rio de Janeiro: Bambual, 2021.

MCGOWAN, Kathleen. *O segredo do anel*: o legado de Maria Madalena. Rio de Janeiro: Rocco, 2006.

NIETZSCHE, Friedrich. *Assim falou Zaratustra*: um livro para todos e para ninguém. São Paulo: Companhia das Letras, 2011.

OSHO. *Intuição*: o saber além da lógica. São Paulo: Cultrix, 2017.

OSHO. *O Tarô Zen*: o jogo transcendental do Zen. São Paulo: Cultrix, 1994.

OSUNA, Montse. *O livro secreto da magia celta*. São Paulo: Universo dos Livros, 2009.

OSHO. *Aprendendo a silenciar a mente*. Rio de Janeiro: Sextante, 2010.

PETTER, Frank Arjava. *Isto é Reiki*: cura para o corpo, a mente e o espírito. São Paulo: Pensamento, 2013.

PRIOLLI, Maria Luisa de Mattos. *Princípios básicos da música para a juventude*: 1º Volume. Rio de Janeiro: Casa Oliveira de Música, 1999.

ROBERTSON, Robin. *Guia prático de psicologia junguiana*. São Paulo: Pensamento Cultrix, 2021.

RUIZ, Don Miguel. *Os quatros compromissos*: o livro da filosofia tolteca. Rio de Janeiro: Best Seller, 2010.

SAFRA, Gilberto. *Hermenêutica na situação clínica*: o desvelar da singularidade pelo idioma pessoal. São Paulo: Sobornost, 2006.

SALDANHA, Vera. *Psicologia Transpessoal — Abordagem Integrativa*: um conhecimento emergente em psicologia da consciência. Ijuí: Editora UNIJUI, 2008.

SALDANHA, Carolina Belei. *Educação Ambiental*. Londrina: Editora e Distribuidora Educacional, 2016.

SAMS, Jemie. *Dançando o sonho*: os sete caminhos sagrados da transformação humana. Rio de Janeiro: Rocco, 2003.

SAMS, Jemie. *As cartas do caminho sagrado*. Rio de Janeiro: Rocco, 1993.

WEIL, Pierre. *Os mutantes*: uma nova humanidade para um novo milênio. Campinas: Verus, 2003.

WEIL, Pierre; LELOUP, Jean-Yves; CREMA, Roberto Crema. *Normose*: a patologia da normalidade. Petrópolis: Vozes, 2014.

WIERSBE, Warren. *Comentário Bíblico Expositivo — Novo Testamento*: volume II. Santo André: Geográfica, 2007.

WILHELM, Richard. *I Ching*: o livro das mutações. São Paulo: Pensamento, 2006.

ZWEIG, Connie; ABRAMS, Jeremiah. *Ao encontro da sombra*: o potencial oculto do lado escuro da natureza humana. São Paulo: Cultrix, 1991.

Livros publicados pelo autor

Conexões: viagens e naufrágios que brindam a vida (**2015**)
Relata a viagem do Autor pelos domínios da Dor, da Paixão, do Amor e da Luz e propõe a reflexão sobre a importância e a riqueza de conexões conscientes com esses e outros Sagrados elementos. A obra foi construída a partir do desejo de compartilhar experiências significativas de vida e apresentar uma percepção diferenciada de aspectos e acontecimentos aparentemente comuns. Além disso, os contos, poesias, dinâmicas e orações evidenciam a inquietude, característica dos seres questionadores, e a inconformidade do "fazer por fazer" e do "viver por viver".

Da normose ao sagrado: o despertar da sagrada singularidade humana (**2017**)
Contém o resultado de ampla pesquisa bibliográfica sobre a patologia identificada como "Normose" e também sobre a "Sagrada Singularidade do Ser Humano", a partir da visão de diversos autores vinculados ou não à Psicologia Transpessoal. O livro apresenta ainda experiências vivenciadas pelo Autor e propostas que poderão auxiliar a busca pela Sagrada essência. A Normose é descrita como o conjunto de hábitos considerados normais e que, na realidade, podem ser patogênicos e levar à infelicidade e à doença. O ser humano é apresentado a partir de duas características: a Singularidade e a Sagrada dimensão da espiritualidade. O livro pretende contribuir com a modificação do processo vigente de "coisificação" do ser humano e, quem sabe, impulsionar o movimento sutil de transformação e despertar individual.

Criançando: brincando e aprendendo com alegria (**2020**)

Escrever contos infantis não estava inicialmente nos planos do Autor. Na verdade, os textos infantis foram surgindo naturalmente, após o nascimento do primeiro neto (Lucca) em 2016 e do segundo neto (Jacob) em 2019. Cada conto, apesar de considerado infantil, tem como proposta repassar mensagens amorosas e fraternais para as crianças e pessoas que as amam. Como pais, avós e padrinhos apaixonados, compartilhar com elas virtudes, valores e espiritualidade é um de nossos papéis mais nobres. Propõe-se, portanto, que a leitura seja realizada durante alegres reuniões familiares, cada qual conectado com sua criança interior, e que se tornem momentos inesquecíveis de aprendizado, ternura e harmonia.

Contato com o autor